1판 1쇄 발행 2021년 1월 2일

글쓴이	서지원
그린이	이국현
편집	이용혁
디자인	문지현 오나경
펴낸이	이경민
펴낸곳	㈜동아엠앤비
출판등록	2014년 3월 28일(제25100-2014-000025호)
주소	(03737) 서울특별시 서대문구 충정로 35-17 인촌빌딩 1층
전화	(편집) 02-392-6901 (마케팅) 02-392-6900
팩스	02-392-6902
전자우편	damnb0401@naver.com
SNS	

ISBN 979-11-6363-319-8 (74400)

※ 책 가격은 뒤표지에 있습니다.
※ 잘못된 책은 구입한 곳에서 바꿔 드립니다.
※ 이 책에 실린 사진은 위키피디아, 셔터스톡에서 제공받았습니다.

도서출판 뭉치는 ㈜동아엠앤비의 어린이 출판 브랜드로, 아이들의 지식을 단단하게 만들어 주고, 아이들의 창의력과 사고력을 키워 주어 우리 자녀들이 융합형 창의 사고뭉치로 성장할 수 있도록 좋은 책을 만들겠습니다.

펴내는 글

뇌는 어떻게 기억을 저장할까?
뇌가 없으면 우리 몸도 작동을 멈출까?

선생님의 질문에 교실은 일순간 조용해지기 시작합니다. 인내심이 한계에 다다른 선생님께서 콕 집어 누군가의 이름을 부르는 순간 내가 걸리지 않았다는 안도감에 금세 평온을 되찾지요. 많은 사람 앞에서 어떻게 말을 해야 할까 고민 한번 해 보지 않은 사람은 없을 겁니다.

사람들 앞에서 자신의 생각을 조리 있게 전달하는 기술은 국어 수업 시간에만 필요한 것이 아닙니다. 학교 교실뿐만 아니라 상급 학교 면접 자리 또는 성인이 된 후 회의에서도 자신의 의견을 분명히 표현할 수 있어야 합니다. 하지만 어디서부터 시작해야 할지 몰라 입을 떼는 일이 쉽지 않습니다. 혀끝에서 맴돌다 삼켜 버리는 일도 종종 있습니다. 얼떨결에 한마디 말을 하게 되더라도 뭔가 부족한 설명에 왠지 아쉬움이 들 때도 많습니다.

논리적 사고 과정과 순발력까지 필요로 하는 토론장에서 자신만의 목소리를 내려면 풍부한 배경지식은 기본입니다. 게다가 고학년으로 올라가서 배우는 수업과 진학 시험에서의 논술은 교과서 속의 내용만을 요구하지 않습니다. 또한 상대의 의견을 받아들이거나 비판하기 위해서도 의견의 타당성과 높은 수준의 가치 판단을 해야 하는 경우가 많은데, 자신의 입장을 분명히 하기 위해선 풍부한 자료와 논거가 필요합니다.

토론왕 시리즈는 사회에서 일어나는 다양한 사건과 시사 상식 그리고 해마다 반복되는 화젯거리 등을 초등학교 수준에서 학습하고 자신의 말로 표현할 수 있도록 기획

되었습니다. 체계적이고 널리 인정받은 여러 콘텐츠를 수집해 정리하였고, 전문 작가들이 학생들의 발달 상황에 맞게 스토리를 구성하였습니다. 개별적으로 만들어진 교과서에서는 접할 수 없는 구성으로 주제와 내용을 엮어 어린 독자들이 과학적 사고뿐만 아니라 문제 해결력, 비판적 사고력을 두루 경험할 수 있도록 하였습니다. 폭넓은 정보를 서로 연결 지어 설명함으로써 교과별로 조각나 있는 지식을 엮어 배경지식을 보다 탄탄하게 만들어 줍니다. 뿐만 아니라 국어를 기본으로 과학에서부터 역사, 지리, 사회, 예술에 이르기까지 상식과 사회에 대한 감각을 익히고 세상을 올바르게 바라보는 눈도 갖게 할 것입니다.

『알쏭달쏭 미지의 세계, 뇌』는 우리 몸에서 가장 밝혀지지 않은 비밀이 많은 뇌에 대한 모든 것을 다루고 있습니다. 우리 몸의 장기 중 하나이면서 다른 모든 장기와 밀접하게 관련 있는 뇌는 정확하게 어떤 역할을 하는 걸까요? 의학 분야에서뿐만 아니라 뇌 과학 분야가 활발하게 논의되고 있는 걸 보면, 뇌는 아직도 많은 비밀을 품고 있는 미지의 영역임에 분명합니다. 그동안 뇌에 대해 밝혀낸 사실, 그리고 앞으로 개발되어야 할 다양한 뇌 과학 영역에 대한 글을 읽고 자신만의 생각을 정리할 수 있기를 기대해 봅니다.

편집부

펴내는 글 · 4
뇌가 필요하다고? · 8

1장 뇌는 어떤 구조로 되어 있을까? · 11

괴물이 나타났다!

크고 복잡한 인간의 뇌

뇌의 구조

토론왕 되기! 마음은 뇌에 있을까, 심장에 있을까?
인간의 뇌 크기는 어떻게 정해졌을까?

2장 뇌는 어떻게 기억을 저장할까? · 33

기억을 잃어버렸다고? / 기억력을 높이는 마법

기억의 서랍, 해마 / 하는 일이 다른 좌뇌와 우뇌

토론왕 되기! 좌뇌가 발달한 사람이 좋을까, 우뇌가 발달한 사람이 좋을까?
여성의 뇌와 남성의 뇌, 정말 다를까?

3장 몸과 뇌는 어떻게 신호를 주고받을까? · 59

통증을 느끼는 뇌

뇌와 몸을 연결해 주는 기관

뇌의 명령을 받지 않는 자율 신경계

토론왕 되기! 몸은 뇌가 명령해야만 움직이는 걸까?
뇌파를 관찰하면 거짓말을 알아챌 수 있을까?

뭉치 토론 만화
뇌사자에게 사망 판단을 내리는 것은 과연 올바를까? · 83

4장 사람과 동물의 뇌는 어떻게 다를까? · 91

식물은 뇌가 없다고?

사람의 뇌와 동물의 뇌는 어떻게 다를까?

인간보다 뛰어난 뇌를 가진 동물이 있다고?

토론왕 되기!
뇌가 크면 더 똑똑할까?
인간의 뇌는 처음부터 좋았을까, 점점 발달한 것일까?

5장 뇌를 향상시키려면 어떻게 해야 할까? · 111

인간은 왜 기억을 잊어버릴까?

슈퍼 뇌를 가진 사람은 행복할까?

무궁무진한 가능성을 가진 뇌

토론왕 되기!
어떻게 하면 기억력이 더 좋아질까?
IQ가 높으면 공부를 더 잘할까?

어려운 용어를 파헤치자! · 133
뇌 관련 사이트 · 134
신나는 토론을 위한 맞춤 가이드 · 135

뇌는 어떤 구조로 되어 있을까?

괴물이 나타났다!

마을에 흉흉한 소문이 나돌았다. 글쎄, 괴물이 나타난다는 것이다. 비 오는 날 밤 숲에서 괴물을 보았다는 사람이 있는가 하면, 창고에서 뭔가를 뒤지다 사라진 괴물을 보았다는 사람도 있고, 숲속 외딴곳에 있는 성으로 걸어가는 괴물을 보았다는 사람도 있었다.

탐정 로빈은 자신이 나서야 할 때가 되었다고 생각했다.

"후드, 이 일을 더는 그냥 넘길 수 없어. 괴물의 존재가 무엇인지 확인해 봐야겠어. 왜냐고? 난 이 마을에서 가장 똑똑한 탐정이니까!"

로빈이 거드름을 피우며 말하자 탐정견 후드가 "왈왈!" 하고 짖었다.

"정리를 해 보자. 창고에서 괴물이 목격된 시각은 15일 밤 11시. 저

수지에서 괴물이 목격된 시각은 16일 아침 8시. 빌트 씨의 텃밭에서 괴물이 목격된 시각은 16일 오후 4시였어. 그리고 빵집 앞과 과수원에서도 발견됐지. 이게 뜻하는 건…….”

창고와 저수지, 텃밭, 빵집, 과수원은 모두 숲 근처에 있다. 그러니까 추리하자면 괴물은 숲에 살고 있는 게 분명했다.

로빈은 예리하게 눈을 번뜩이며 벽에 붙은 마을 지도를 바라보았다.

“후드, 내가 괴물에 대한 단서를 또 찾아냈어. 뭔지 궁금하지?”

“왈!”

“사람들이 괴물은 머리가 엄청나게 크다고 말했지. 또 괴물 머리에 자물쇠 같은 것이 달려 있다고 했어. 이게 무슨 뜻이겠니?”

로빈은 말을 하다 말고 자리에서 벌떡 일어났다. 후드가 고개를 갸웃하는 사이 로빈은 옷을 챙겨 들고 밖으로 뛰어나가며 소리쳤다.

“후드, 숲으로 가자!”

“왈!”

"그 녀석을 직접 만나서 대체 원하는 게 뭔지, 정체는 무엇인지 알아내고 말겠어."

로빈은 숲으로 달려갔다. 나무가 우거진 숲으로 들어서자 어둡고 침침한 기운이 느껴졌다.

"괴물은 식품 창고에 왜 갔을까. 저수지엔 왜? 그리고 빌트 씨의 텃밭엔 왜 간 걸까? 가만, 내가 놓친 게 있군!"

로빈이 무릎을 '탁' 치며 외쳤다.

"맞아, 괴물은 먹을 걸 구하러 다닌 거야! 녀석은 사람들의 감시가 뜸한 곳에서 먹을 걸 찾아다닌 거지."

"왈!"

후드가 로빈의 추리에 일리가 있다는 듯 맞장구를 쳤다.

로빈은 괴물을 유인하겠다며 구수한 냄새가 나는 돼지고기와 빵을 준비했다. 그리고 수풀 속에 숨어서 괴물이 나타나기만을 기다렸다. 그렇게 얼마나 기다렸을까. 무언가 어기적어기적 걸어오는 게 보였다.

"저건!"

로빈의 추리대로 음식이 있는 곳을 향해 괴물이 걸어오고 있었다.

"머어……글……거……어!"

괴물이 비틀거리며 음식 앞으로 성큼 다가왔다. 로빈은 두 눈을 부릅뜬 채 괴물의 모습을 살폈다. 괴물은 엄청나게 큰 머리에 험상궂은 얼

굴이었고 머리통엔 머리카락 대신 열쇠 구멍이 있었다.

"마……싯……는……거어……아빠……좋아해!"

괴물이 손을 뻗어 음식을 움켜쥐었다. 바로 그때 로빈은 후드의 엉덩이를 훅 걷어찼다. 놀란 후드가 수풀 밖으로 풀썩 뛰어나갔다.

"후드, 짖어!"

로빈이 소리치자 후드가 눈치를 살피더니 "왈!" 하고 짖었다. 순간 놀란 괴물은 먹을 것을 떨어트렸다.

"무……서……워!"

괴물이 겁에 질려 움찔하는 것을 본 로빈은 수풀 속에서 빠져나왔다.

"아, 안녕하세요, 괴물 씨! 잠깐 얘기 좀 나눌 수 있을까요?"

"무……서……워! 아빠한테……가……야……해!"

괴물이 어린아이처럼 찡얼거리는 표정으로 말했다. 로빈은 숨을 크게 들이마셨다가 내뱉으며 웃음을 지어 보였다.

"괴물 씨? 이름이 뭔가요?"

"프……랑……켄……슈……타아인!"

"프랑켄슈타인? 정말 멋진 이름이군요. 난 로빈입니다."

"로오빈?"

괴물이 고개를 갸웃하더니 악수를 하자는 듯 손을 쑥 내밀었다. 로빈은 괴물이 나쁜 의도로 마을에 나타난 것 같지는 않다고 생각했다.

"그런데 프랑켄슈타인, 당신은 왜 먹을 걸 찾아다니는 거죠?"

"아빠 박사님이……아파. 배고파!"

"아빠? 박사님? 박사님은 어떤 분이신데요?"

"아빠가 박사님이고 박사님이 아빠야!"

프랑켄슈타인이 씨익 웃었다. 프랑켄슈타인은 아빠라는 말에 기분이 좋아지는 것 같았다.

"내가 그분을 만나 보고 싶은데 괜찮을까요?"

"아빠, 배고파!"

"박사님을 만나게 해 주신다면 이 음식들을 드릴게요. 어때요?"

로빈의 말에 프랑켄슈타인은 아주 천천히 고개를 끄덕였다. 이렇게 해서 로빈과 후드는 프랑켄슈타인과 함께 숲속 깊은 곳으로 향했다.

크고 복잡한 인간의 뇌

한참 동안 프랑켄슈타인의 뒤를 쫓아 숲을 걷던 로빈과 후드는 낡은 성 하나를 발견했다.

"백 년도 더 된 성 같은데?"

로빈이 성을 살피는 사이 프랑켄슈타인은 성문을 부술 듯 밀어붙이

고 들어갔다. 성 안 곳곳은 거미줄이 쳐져 있었고, 가구나 장식품 위에는 먼지가 뽀얗게 앉아 있었다. 아주 오랫동안 사람이 드나들지 않았던 게 틀림없었다.

쿵쿵! 쿵쿵! 프랑켄슈타인이 낡은 돌계단을 밟을 때마다 성 전체가 흔들리며 요란한 소리가 났다.

"우리 아기 왔니?"

프랑켄슈타인이 지하실 문을 열자 침대에 누워 있는 비쩍 마른 노인이 보였다. 로빈은 조심스럽게 프랑켄슈타인과 노인의 모습을 살폈다.

"아빠…… 먹을……거어!"

프랑켄슈타인은 아까 로빈이 준비한 음식들을 노인에게 내밀었다. 노인은 그 음식을 우걱우걱 먹기 시작했다.

"우리 아가, 정말 맛있구나! 아빠가 이걸 먹고 기운을 내서 얼른 나머지 물약도 만들어 주마."

"아빠…… 좋아!"

프랑켄슈타인이 수줍은 듯 씨익 미소를 지었다.

그때 로빈이 조심스레 노인을 향해 말을 걸었다.

"박사님, 저는 로빈이라고 합니다."

노인이 화들짝 놀란 표정으로 로빈을 보았다. 후드도 인사하듯 왈 하고 짖었다.

"우리 아가가 먹을 걸 구하러 다니는 바람에 마을 사람들이 매우 놀랐겠군요. 미안합니다."

로빈에게 마을에서 일어난 일에 대해 들은 노인은 고개를 숙이며 사과했다. 노인은 자신을 프랑슈아라고 소개했다.

"혹시 그!"

"그래요, 내가 바로 그 괴짜 박사라오. 내가 인조인간을 만들고 싶다고 했더니 사람들이 모두 비웃고 손가락질했지. 그래서 난 사람들의 눈을 피해 숲속 깊은 곳에서 연구를 계속했다오."

"그렇다면 프랑켄슈타인은……!"

"내가 만든 사랑스러운 인조인간입니다. 비록 아직 완성하진 못했지만 말이오."

프랑슈아 박사는 프랑켄슈타인을 만들다가 쓰러지고 말았다고 한다. 프랑켄슈타인은 아직 뇌가 완전히 만들어지지 못한 상태였는데, 아픈 박사를 위해 마을로 먹을 것을 구하러 나갔던 것이다.

로빈의 인체 노트

인간의 뇌란?

인간의 뇌는 무게가 평균 약 1300g~1600g 정도 되는 장기랍니다. 뇌는 대뇌·소뇌·사이뇌(간뇌)·중뇌·뇌교·연수로 이루어져 있어요. 뇌 덕분에 인간은 보고, 듣고, 숨 쉬고, 움직이고, 생각할 수 있는 것이랍니다. 호흡을 할 수 있도록 하는 것도, 숨을 쉬도록 하는 것도 모두 뇌가 결정하는 것이거든요.

"프랑켄슈타인은 말이 좀 어눌하긴 해도 멀쩡해 보이던데요?"

"그건 임시로 만든 약물을 먹었기 때문이라오. 그 약물의 효능이 떨어지면 뇌가 제 기능을 하지 못해요."

"뇌가요?"

"인간의 뇌는 그 어떤 과학으로도 완성할 수 없을 정도로 복잡하고 어려운 것이거든. 인간의 뇌 속에 있는 세포와 신경 등은 우주의 모든 별을 합친 수만큼 많다오."

"에? 정말요?"

그사이 프랑켄슈타인의 오른팔은 위로 올라가고 왼팔은 아래로 내려갔다. 오른발은 왼쪽으로 움직이려 했고 왼발은 자꾸 허공을 걸어찼다. 고개는 휙 돌아가고 코에서는 콧김이 킁킁 뿜어져 나왔다. 눈알도 각기 다른 방향으로 빙글빙글 돌아갔다.

"아바……바……아아!"

프랑켄슈타인이 괴상한 소리를 내지르며 몸을 배배 꼬았다.

"임시 약물의 효능이 다한 것 같군요."

"그, 그럼 어떻게 해야 하는 건가요?"

"미안하지만 저 서랍 속에 있는 약병을 좀 주겠습니까?"

로빈은 박사의 부탁대로 침대 옆에 있는 서랍을 열었다. 그러자 보라색 약병 세 개가 눈에 들어왔다.

"이 약이 다 떨어지면 프랑켄슈타인은 다시는 사람처럼 움직이지도, 행동하지도, 말하지도 못할 텐데."

프랑켄슈타인은 매우 고통스러워 보였다. 로빈은 그 모습을 물끄러미 보다가 소리쳤다.

"박사님, 제가 돕겠습니다."

 뇌의 구조

"난 프랑켄슈타인에게 제대로 된 뇌를 만들어 주기 위해서 무수한 연구를 해 왔다오. 그 덕분에 뇌간까지는 만들 수 있었지. 하지만 뇌의 다른 부분을 만드는 건 아직 끝내지 못했다오."

박사는 말을 하는 것조차 힘겨워 보였다. 그 모습을 본 프랑켄슈타인은 무언가를 표현하려 했지만 마음대로 되지 않는지 괴로워했다.

로빈은 아빠를 사랑하는 마음씨 착한 프랑켄슈타인을 돕고 싶었다.

"박사님, 지금까지 연구한 자료를 저한테 보여 주세요."

"저기 있소!"

로빈은 박사가 모아 둔 자료를 살펴보며 중얼거렸다.

"어디 보자, 뇌에 대한 자료들이 생각보다 엄청나네!"

"그럼 우리 프랑켄슈타인을 부탁하오……."

많이 지쳤던 건지, 박사는 스르륵 잠이 들고 말았다. 로빈은 박사에게 이불을 잘 덮어 주고는 다시 자료들을 살폈다.

"후드, 뇌는 쭈글쭈글 주름 많은 호두처럼 생겼대! 호두라……호두! 그래, 빅파머 씨의 농장에 가면 엄청나게 큰 호두를 구할 수 있을 거야. 그걸 프랑켄슈타인의 머릿속에 집어넣어 주자."

"왈왈!"

로빈과 후드는 곧장 빅파머 씨의 농장으로 달려갔다.

그리고 농장에 쌓여 있는 호두 중 가장 알이 크고 단단한 것을 골라냈다.

"빅파머 씨! 호두 값은 나중에 드릴게요!"

로빈은 다시 부랴부랴 프랑슈아 박사의 성으로 달려왔다. 로빈은 서둘러 프랑켄슈타인의 머리통을 열었다.

"여기 진짜 엄지손톱만 한 호두가 들어 있네. 프랑켄슈타인! 이거 대신 주먹만 한 호두를 집어넣으면 넌 정상이 될 거야. 기대하라고!"

로빈은 프랑켄슈타인의 머리에 가져온 호두를 넣어 주었다. 그런데 조금 전까지만 해도 두 눈을 뜨고 있던 프랑켄슈타인이 푹 쓰러졌다.

후드가 프랑켄슈타인을 깨우려고 왈왈 짖어 보았지만, 어찌 된 영문인지 꿈쩍도 하지 않았다.

"호, 호두가 아니라 다른 걸 넣었어야 하는 건가?"

로빈은 재빨리 물컹한 밀가루를 구해 와서 호두 모양으로 빚었다. 그런 다음 프랑켄슈타인의 머리통 속

에 집어넣어 보았다. 이번에도 프랑켄슈타인은 움직이지 않았다.

"이렇게 된 이상 마지막 방법을 쓰는 수밖에!"

다급해진 로빈은 숲속 끝에 사는 검은 마녀 키키를 찾아가기로 마음먹었다. 키키는 사람의 소원을 한 가지씩 들어주는 대신 엄청난 것을 대가로 달라고 하는 마녀였다. 검은 마녀 키키의 집에 도착한 로빈은 다짜고짜 프랑켄슈타인의 뇌를 만들어 달라고 말했다.

"뇌? 내가 그걸 만들어 주면 넌 나에게 뭘 줄 건데?"

"뭐든 상관없어. 대신 내 친구가 사람처럼 움직이고 말하고 느낄 수 있게 도와줘."

"그런데 뇌는 엄청나게 만들기 힘든 거라는 거 알고 있지? 어쩌면 내 마법으로도 힘들지 몰라!"

이렇게 해서 로빈과 후드, 검은 마녀 키키는 프랑슈아 박사의 성으로 왔다. 마녀는 두부를 이용해 뇌와 똑같은 모양을 만든 다음 단단한 철갑상어의 이빨로 머리뼈도 만들었다. 그리고 주문을 외우기 시작했다.

하지만 프랑켄슈타인은 꿈쩍도 하지 않았다.

"다시 마법을 걸어 보겠어!"

검은 마녀 키키가 집중하고 마법 주문을 외우는데, 그 순간 프랑켄슈타인이 눈을 번쩍 떴다.

뇌에 주름이 많다고?

분홍빛의 물컹한 뇌는 호두처럼 생겼고, 자세히 살펴보면 뇌에는 주름이 아주 많아요. 뇌에 있는 주름을 '대뇌 피질'이라고 하는데 다른 동물들과 다르게 인간이 특히 잘 발달했어요. 대뇌 피질은 신경 세포의 집합체로 이랑과 고랑의 모양에 따라 전두엽(이마엽), 측두엽(관자엽), 두정엽(마루엽), 후두엽(뒤통수엽) 네 부분으로 나뉘어요.

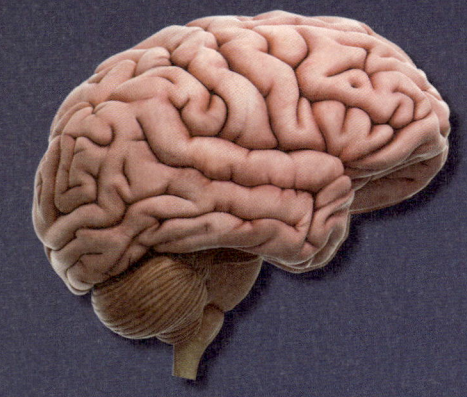

전두엽(이마엽)

인간은 다른 동물들보다 크고 완전한 전두엽을 가지고 있어요. 대뇌에서 가장 큰 면적을 차지하지요. 기억력, 사고력 등의 행동을 관장하고, 추리, 계획, 운동, 감정, 문제 해결에 관여해요.

측두엽(관자엽)

대뇌 피질의 양쪽 관자놀이뼈 안쪽에 위치해 있어요. 측두엽의 대표적인 기능은 바로 소리 정보를 처리하는 것이에요. 시각 정보 처리에도 관여하기 때문에 측두엽에 문제가 생기면 사물이나 사람 얼굴을 잘 알아보지 못해요.

식물인간과 뇌사를 결정짓는 곳은?

뇌줄기(뇌간)는 척수와 대뇌 사이에 줄기처럼 연결된 뇌의 부분이에요. 중간뇌·다리뇌·숨뇌를 합친 것이며, 아래쪽은 숨뇌가 척수에 이어지지요. 뇌줄기는 신경 다발을 통해 대뇌와 척수를 이어 주며 소뇌와 대뇌, 소뇌와 척수 사이의 신호를 중계하는 역할을 해요. 뇌줄기의 회백질 부위는 생명을 유지하는 데 필수적인 기능인 호흡과 혈압을 조절하지요. 그래서 뇌줄기에 문제가 생기면 자발적으로 호흡을 하지 못해 '뇌사' 판정을 내리는 거예요. 뇌줄기에 문제가 없고 대뇌 일부만 손상되었을 경우에 '식물인간' 판정을 내리는 거고요. 이런 이유로 오랫동안 식물인간 상태였던 환자가 기적적으로 깨어나는 일도 생긴답니다.

두정엽(마루엽)

피부로 오는 감각을 느끼고, 공간을 판단하는 일을 해요. 6세 이후에 본격적으로 발달하여 이 시기부터 수학 학습이 가능하다고 알려져 있어요.

후두엽(뒤통수엽)

대뇌 피질의 뒷부분에 있어요. 이곳은 눈으로 들어오는 정보를 받아들이고 판단하는 일을 하지요. 물건에 대한 모양이나 색깔 등을 알아볼 수 있는 것은 후두엽 덕분이랍니다.

마음은 뇌에 있을까, 심장에 있을까?

아빠가 선물을 사 왔어요. 심장이 두근두근 뛰고 기뻐요. 그렇다면 좋고 나쁨을 느끼는 마음은 심장에 있는 게 아닐까요? 그런데 심장을 움직이게 하는 건 뇌예요. 그럼 마음은 대체 어디에 있는 걸까요. 뇌, 아니면 심장?

이 질문은 오랫동안 학자들에게 풀리지 않는 비밀이었어요. 고대 철학자 아리스토텔레스(기원전 384년~322년)는 마음이 어디 있는지 알아보려고 동물을 해부하기까지 했대요. 그리고 결론 내리기를 "인간의 마음은 따뜻한 심장에 있다!"라고 했지요. 하지만 의학의 아버지 히포크라테스(기원전 460년 추정~377년 추정)는 우리의 마음이 머무르는 곳이 심장이 아닌 뇌라고 생각했어요.

히포크라테스

인간의 경우 성인의 뇌 무게는 약 1300g~1600g 정도인데요, 여기에 860억 개 정도의 신경 세포를 포함하고 있다고 해요. 그래서 사람들은 뇌를 하나의 우주에 비교하기도 하지요. 우리의 마음을 바로 이렇게 무수한 세포의 연결로 만들어 내는 것이라고 하니, 마음이 왜 복잡하고 섬세한지 그 이유를 알겠지요?

인간의 뇌 크기는 어떻게 정해졌을까?

인간의 뇌와 동물의 뇌가 다른 점은 무엇일까요. 첫 번째는 바로 크기예요. 인간의 뇌는 다른 동물들에 비해 아주 큰 편이에요. 전체 체중에서 뇌가 차지하는 비율로 보면 고래와 코끼리가 약 1/2000인데, 인간은 1/40로서 뇌가 차지하는 비율이 가장 높아요. 게다가 다른 동물에 비해 뇌의 신경 세포 수가 훨씬 더 많답니다.

그렇다면 인간은 왜 이렇게 뇌가 커졌을까요? 과학자들은 여러 가설을 내세웠는데요, 먹이를 찾아 획득하고 가공하는 일이 인간의 뇌를 키웠다는 거예요. 또 다른 가설은 사람들이 사회적으로 관계를 맺으며 살아가다 보니 뇌가 커졌다는 것이에요. 그리고 다른 사람과 문화적 지식을 배우고 가르치면서 뇌가 커진 게 아닐까 하는 가설도 있지요.

아직 정확하게 밝혀지지는 않았지만, 이 모든 것이 종합적으로 인간의 뇌를 크게 만든 건 아닐까요?

사람과 동물의 뇌 크기 비교

뇌 속이 궁금해!
주어진 상황을 보고 뇌의 어떤 부분이 담당하는지 써 주세요!

힌트!

☆ 전두엽은 기억력, 사고력 등의 행동을 관장하고, 추리, 계획, 운동, 감정, 문제 해결에 관여해요.

☆ 두정엽은 피부에서 오는 감각을 받아들여요. 또 공간 지각 능력, 수리적 능력 모두 두정엽의 발달에 따라 달라지지요.

☆ 후두엽은 눈에서 들어오는 신호를 받아들이고 판단하는 일을 해요. 우리가 눈으로 사물을 볼 수 있는 것은 후두엽에서 신호를 보내고 해석하기 때문이랍니다.

☆ 측두엽은 냄새를 구별하거나 소리를 듣는 일을 하지요. 냄새를 아주 잘 맡거나 소리를 아주 잘 듣는 친구는 측두엽이 발달한 거예요.

정답: ① 전두엽, ② 두정엽, ③ 측두엽, ④ 후두엽

뇌는 어떻게 기억을 저장할까?

기억을 잃어버렸다고?

번쩍 눈을 뜬 프랑켄슈타인은 주위를 두리번거렸다.
"프랑켄슈타인! 좀 어때?"
로빈이 걱정스레 묻자 프랑켄슈타인이 고개를 돌렸다.
"……내가 누구라고?"
"에?"
"내가 누구인지 하나도 기억이 나지 않아!"
검은 마녀 키키가 만든 새로운 뇌는 프랑켄슈타인의 몸을 정상적으로 작동할 수 있게 해 주었지만 심각한 문제가 생겼다. 바로 기억이 사라진 것이다.

"프랑슈아 박사님은 기억해?"

"그게 누군데?"

"네 아버지잖아. 넌 그분을 위해 위험을 무릅쓰고 마을까지 왔었고!"

"글쎄……."

프랑켄슈타인이 고개를 갸웃했다. 그때 마침 기운을 조금 회복한 프랑슈아 박사가 나타났다. 박사는 프랑켄슈타인의 반응을 보고 뭔가 짐작 가는 것이 있다는 듯 아무 말도 하지 않았다.

"이건 말도 안 돼, 내 마법은 완벽하다고!"

검은 마녀 키키가 소리치자 프랑슈아 박사가 고개를 가로저었다.

"뇌의 모양은 그럴싸하게 만들 수 있었겠지만, 해마까진 만들지 못했던 거야."

"해마라고요?"

"그래, 인간의 기억은 뇌 속에 있는 서랍에 차곡차곡 저장되지. 기억의 서랍을 바로 해마라고 해."

"그건 어디 있는 건데요?"

검은 마녀 키키가 고개를 갸웃하며 물었다.

"대뇌 피질 속에 있단다. 해마는 새로운 사실을 학습하고 기억하는 기능을 하는 중요한 기관이란다. 해마가 손상되면 새로운 정보를 기억할 수 없게 돼. 알츠하이머병 같은 뇌 질환이 진행될 때 가장 먼저 손상

되는 곳이 해마이기도 하지."

"아하, 그렇다면 프랑켄슈타인의 뇌에 해마를 만들어 주면 되는 거잖아. 까짓것 마법으로 얼마든지 만들 수 있다고."

검은 마녀 키키는 마법의 지팡이를 휘둘렀다. 순간 프랑켄슈타인이 눈을 반짝이며 박사님과 로빈을 번갈아 보았다.

"엇, 당신들은!"

"우리가 기억났나 봐!"

"아, 아, 머리가 터질 것 같아! 너무 복잡해! 뭔가 떠오를 것 같기도 하고…… 끄악!"

프랑켄슈타인이 갑자기 머리를 감싸 쥐고 비명을 내질렀다. 놀란 로빈은 서둘러 박사님이 만든 약물을 프랑켄슈타인에게 먹였다. 그러자 프랑켄슈타인은 고통이 좀 잦아드는 듯 숨을 깊이 내쉬었다.

"좀 괜찮아?"

"어, 고마워. 그런데 넌 누구니?"

"켁! 날 또 잊어버린 거야?"

"여기 계신 분은 누구시지? 어쩐지 어디서 본 것 같은데……."

"널 만든 분이시잖아. 바로 네 아빠!"

"아, 맞다!"

프랑켄슈타인은 프랑슈아 박사를 덥석 끌어안더니 몹시 반가워했다.

기운을 차려 다행이라며 눈물을 글썽이기도 했다.

"자, 로빈! 이제 네 소원을 들어주었으니 내가 원하는 것을 내놓아야겠어."

바로 그때였다.

"엇, 저분은 누구시지?"

프랑켄슈타인이 박사를 보고 고개를 갸웃거렸다.

"조금 전까지 몹시 반가워했잖아!"

"정말 기억이 안 나는 거야?"

로빈과 검은 마녀 키키가 따지듯 묻자 프랑켄슈타인은 머리를 긁적이며 대꾸했다.

"미안하지만 정말 기억이 안 나. 너희는 누구니?"

"으악! 난 로빈, 이쪽은 검은 마녀 키키라고 몇 번을 말해?"

"이제 절대 잊어버리지 않을게."

프랑켄슈타인이 큰 몸을 흔들며 사과했다. 그렇게 몇 분이나 지났을까. 프랑켄슈타인이 또 고개를 갸웃하더니 로빈을 향해 누구냐고 물었다. 로빈은 답답하다는 듯 가슴을 쾅쾅 쳤다.

"얘를 나무라지 말아라. 이렇게 기억이 가물가물할 때 방법은 딱 한 가지란다. 한 번 배운 것을 기억하려면 자꾸 되풀이해서 공부하는 수밖에 없어."

프랑슈아 박사의 말에 검은 마녀 키키가 얼굴을 붉혔다.
"내 마법이 엉터리일 리 없어! 난 최고의 마법사라고!"

기억력을 높이는 마법

검은 마녀 키키와 로빈은 마법의 책을 뒤적거리며 프랑켄슈타인의 뇌를 고칠 방법을 찾기 시작했다. 그사이 프랑켄슈타인은 잠이 들었다. 새근새근 아기처럼 잠든 프랑켄슈타인이 잠꼬대를 했다.
"음냐, 아빠…… 난 아빠를 구할 거야!"
그 모습을 본 로빈은 고개를 갸웃했다.
"방금 프랑켄슈타인이 박사님을 기억해 낸 것 같은데?"
"아마 잠을 자는 동안 뇌의 기억이 보충된 게 아닐까 싶구나."
프랑슈아 박사가 오랜 병 때문에 창백해진 안색으로 중얼거렸다.
"잠을 자는데 뇌가 좋아진다고요?"
"해마의 기억 처리 과정이 대부분 수면 중에 일어나거든. 그러니까 인간에게 수면은 육체적 피로를 제거해 줄 뿐만 아니라, 새로운 정보를 받아들일 수 있게 하는 것이지."
"아하, 그래서 잠이 보약이라고들 하는 거구나."

키키가 불쑥 끼어들더니 눈을 반짝였다. 마치 '요 녀석을 이대로 마법을 이용해 백 년쯤 재워 버릴까?'라고 생각하는 것 같았다. 로빈은 지금이라도 프랑켄슈타인을 깨워야겠다고 생각했다. 혹시라도 키키가 프랑켄슈타인을 잠자는 숲속의 괴물로 만들어 버릴지도 모르니까.

"어이, 프랑켄슈타인! 그만 일어나!"

로빈이 깨우자 프랑켄슈타인이 눈꺼풀을 아주 가늘게 치켜떴다. 그

로빈의 뇌과학 상식

어떤 기억은 왜 금방 잊어버리는 걸까?

해마는 1cm 정도 너비에 5cm 정도의 길이를 가진 길다란 모양이며, 측두엽 양쪽에 총 2개가 자리잡고 있어요. 해마는 기억과 학습을 관장하는데, 단기 기억이나 감정이 아닌 서술 기억을 처리하는 장소예요. 그래서 오늘 아침에 책가방에 준비물을 잘 챙겼는지 아닌지는 기억이 가물가물할 수 있지만, 가족이나 친구들과 놀러 갔던 기억은 두고두고 떠올릴 수 있는 거예요.

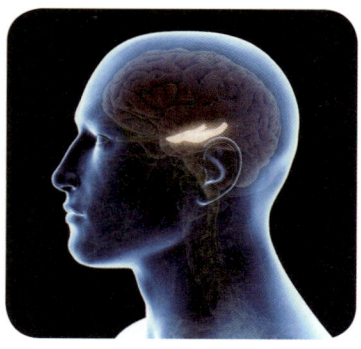

기억이 만들어지는 과정은, 감각 기관을 통해 정보가 뇌로 들어오면 정보들이 조합되어 하나의 기억이 만들어져요. 여기서부터 해마가 작용하는데, 뇌로 들어온 감각 정보를 해마가 단기간 저장하고 있다가 대뇌 피질로 보내 장기 기억으로 저장하거나 삭제합니다. 이러한 정보의 이동은 주로 밤에 일어나기 때문에 내일 시험이 있다고 밤샘을 하는 것보다 푹 자고 일어나서 공부하는 게 더 좋겠죠?

모습을 본 로빈은 놀라서 뒤로 움찔 물러서고 말았다.

"왜 그래?"

검은 마녀 키키가 고개를 갸웃했다.

"프, 프랑켄슈타인이 이상해! 틀림없이 잠을 자고 있는데, 눈이 좌우로 움직였어."

"진짜 잠든 걸까?"

로빈과 키키가 프랑켄슈타인의 눈꺼풀 속에서 이리저리 움직이는 눈동자를 들여다보며 중얼거렸다.

"지금 프랑켄슈타인은 수면 중에서도 깊은 수면 단계에 빠져든 거란다. 그걸 렘수면이라고 하는데, 보통 이 수면 단계에서 꿈을 꾸게 되지."

박사는 렘수면 상태가 되면 몸이 마치 마비된 것처럼 거의 움직이지 않지만, 뇌는 활발한 활동을 한다고 설명했다.

"그렇다면 바로 지금 뇌가 강해지는 마법을 걸어 주면 효과가 더 좋아지겠지?"

키키의 말에 로빈이 그럴듯한 가설이라며 고개를 끄덕였다.

키키가 정신을 집중하고 잠든 프랑켄슈타인을 향해 마법의 주문을 외우기 시작했다. 그러자 깊은 잠에 빠져 있던 프랑켄슈타인이 몸을 꿈틀거리며 움직이기 시작했다. 시간이 얼마나 지났을까. 프랑켄슈타인이 깊은 잠에서 깨어났다.

"이제 우리가 누구인지 기억이 나?"

"뭔가 좀 달라진 거 같아?"

로빈과 키키가 거의 동시에 프랑켄슈타인에게 물었다.

"아빠!"

드디어 프랑켄슈타인이 박사님을 기억해 냈다!

"그래, 나 마녀 키키 님이 이 정도 마법에 실패할 리 없지."

키키가 어깨를 으쓱거리며 자랑스러운 표정을 지을 때였다. 프랑슈아 박사님이 심하게 기침을 하며 쓰러지고 말았다.

기억의 서랍, 해마

로빈, 후드 그리고 검은 마녀 키키는 박사님 대신 프랑켄슈타인의 기억을 오래 지속시키기 위해 특별 훈련을 하기로 했다. 프랑켄슈타인의 기억이 5분 이상 지속되지 않았기 때문이다. 이를 테면, "목이 마르니까 물을 마셔야지."라고 얘기하고 물을 한 통이나 벌컥벌컥 들이켰다. 그런데 5분도 지나지 않아 자리에 앉았다가 벌떡 일어나 "엇, 내가 언제 물을 마셨더라? 잊기 전에 빨리 물을 마셔야겠다."라며 또 물을 마시지 뭔가.

보다 못한 로빈은 다시 프랑슈아 박사가 모아 둔 자료를 찾아 뒤적거렸다.

"여기 프랑켄슈타인이랑 똑같은 증상의 환자가 있었대!"

"뭐라고 써 있어?"

"아주 오래전 뇌의 해마를 다친 환자가 있었는데 그 환자는 새로운

 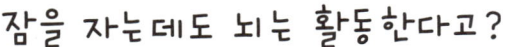

잠을 자는데도 뇌는 활동한다고?

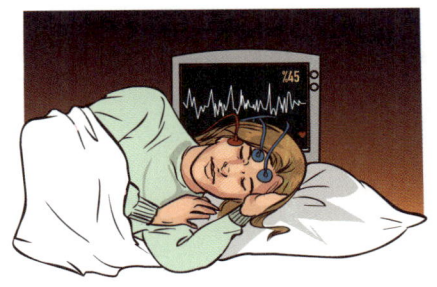

잠을 자고 있는 듯이 보이지만 뇌파가 깨어 있을 때의 알파파(보통 정상적인 성인이 긴장을 풀고 있을 때 나오는 전류)를 보이는 수면 상태를 렘수면이라고 해요.

1929년 독일 과학자 '한스 베르거'가 두뇌의 대뇌 겉질에서 벌어지는 뇌 활동을 기록할 수 있는 헬멧형 뇌파 측정기를 발명했어요. 러시아 출신 미국 과학자 '유진 아세린스키'는 이 측정기를 사용해서 영아들의 수면 상태를 관찰했지요. 그는 밤중 특정 순간에 눈꺼풀에 덮여 있는 아기들의 안구가 움직이기 시작한다는 사실을 알아챘어요. 렘수면 상태가 되면, 우리 뇌는 유전적으로 암호화된 생존 필수 정보와 깨어 있을 때 얻은 중요한 경험들을 정리해요. 그동안 머릿속에서는 가상의 이미지가 만들어지고, 몸속 장기와 신경은 외부 정보와 신체 움직임을 차단해서 아무것도 느끼지 못하게 만들지요. 이렇게 뇌가 활발하게 움직인 후, 우리가 잠에서 깨어나 그 상황을 기억하면 꿈을 꾸었다고 하는 거예요.

기억은 조금도 저장되지 않았다지 뭐야. 옛날 기억은 아주 또렷하게 기억했지만 새로운 기억은 하나도 기억을 할 수 없었대."

"아! 그렇다면 내가 만든 해마에 문제가 있는 걸까?"

"찾았다! 해마와 대뇌 피질이 잘 연결되지 않으면 기억 저장에 문제가 생기기도 한대."

"휴, 검은 마녀의 마법으로도 제대로 된 해마를 만들 수 없다니……. 프랑켄슈타인을 돕는 건 불가능한가 봐."

키키가 풀 죽은 표정으로 어깨를 축 늘어트렸다. 그때 침대에 누워 있던 프랑슈아 박사가 몹시 괴로운 듯 기침을 하며 몸을 들썩거렸다.

"아빠!"

프랑켄슈타인이 달려가 박사를 끌어안았다.

"나의 아들아……. 미안하지만 나는 이제 더는 안 될 것 같구나. 너를 완벽한 인간으로 만들어 주고 싶었는데……."

박사의 눈에서 눈물이 흘러내렸다. 프랑켄슈타인은 괴로운 듯 머리를 움켜쥐고서 온몸을 비틀었다.

"윽, 뭔가 기억이 날 것 같은데……. 으아악!"

"어이, 프랑켄슈타인! 괜찮은 거야?"

"설마 박사님이 쓰러진 것도 기억 못 하는 건 아니겠지?"

키키가 불쑥 끼어들었다.

프랑켄슈타인이 두 눈을 번뜩이며 말했다.

"생각났어! 아빠가 이 세상엔 그 어떤 병이라도 고칠 수 있는 마법의 꽃이 있다는 얘기를 한 적이 있어."

"언제?"

로빈과 키키가 거의 동시에 물었다.

"언제인지는 기억나지 않지만, 무척 오래전 일이었어. 아빠가 틀림없이 내게 그런 말을 했었어. 그 꽃은 보라색 꽃잎을 가졌고 아주 작고 예쁜 꽃이랬지. 아빠가 그 꽃만 있으면 죽어 가는 사람을 살릴 수 있다고 말씀하셨어. 그리고 그 꽃은…… 그 꽃은 해가 떠 있는 낮에만 볼 수 있다고도 하셨는데……."

프랑켄슈타인은 가물가물한 기억을 떠올리려고 애썼다.

"으아악, 뭔가 생각날 듯하면서도 생각나지 않아!"

괴로워하는 프랑켄슈타인의 모습을 지켜본 로빈은 검은 마녀 키키에게 다시 도움을 청했다.

검은 마녀 키키는 두 눈을 감고 집중해서 마법의 주문을 외우다가, 갑자기 무릎을 '탁!' 치며 소리쳤다.

"나 그 마법의 꽃이 어디 있는지 알 것 같아!"

"정말?"

로빈과 프랑켄슈타인이 두 눈을 휘둥그레 치켜떴다.

"이 성 밖으로 나가서 시냇가를 따라 쭉 걷다 보면 가시덤불 숲이 나오지. 거기에 동굴이 하나 있어."

로빈은 이럴 게 아니라 당장 가시덤불 숲으로 가자고 말했다. 후드도 덩달아 꼬리를 흔들었다.

하는 일이 다른 좌뇌와 우뇌

로빈과 후드, 검은 마녀 키키, 그리고 프랑켄슈타인은 서둘러 성 밖으로 빠져나왔다. 해가 지기 전에 가시덤불 숲까지 가기 위해서였다. 로빈 일행이 부랴부랴 잰걸음으로 숲을 걸어가고 있을 때였다.

키키가 코를 킁킁거리더니 걸음을 우뚝 멈추었다.

"갑자기 왜 그래?"

"뭔가 기름에 타는 냄새가 났는데! 발소리도 크게 들려왔고."

"무슨 냄새? 무슨 소리? 난 아무것도 모르겠는데?"

로빈이 고개를 갸웃하자 키키가 목을 쭉 빼고 먼 곳을 바라보았다.

"저, 저기 사람들이 몰려오고 있어!"

로빈이 까치발을 하고서 키키가 가리키는 쪽을 보았다.

"거기 서, 이 괴물아!"

"우리 마을에 나타난 이유가 뭐야!"

무기를 든 마을 사람들이 로빈 일행을 우르르 에워쌌다.

"자, 잠깐만요! 프랑켄슈타인은 나쁜 짓을 하지 않았어요!"

로빈이 다짜고짜 프랑켄슈타인을 공격하려는 사람들을 향해 말했다.

"프랑켄슈타인은 아빠를 걱정하는 착한 괴물이라고요!"

키키도 나섰지만, 마을 사람들은 막무가내였다. 마을 사람들은 프랑켄슈타인을 향해 돌을 던지며 썩 물러가라고 소리쳤다.

마을 사람들이 던진 돌이 프랑켄슈타인의 머리를 향해 날아왔다. 그것을 본 검은 마녀 키키가 몸을 날려 프랑켄슈타인을 구하고는 털썩 쓰러지고 말았다.

프랑켄슈타인이 험악하게 일그러진 얼굴로 마을 사람들 향해 "크어어어!" 하고 소리 질렀다. 그 모습이 얼마나 사납고 무서웠는지 겁쟁이 강아지 후드가 꼬리를 바짝 붙이고 수풀 속에 머리를 파묻을 정도였다.

"이, 일단 오늘은 우리가 물러나도록 하지!"

"다음에 또 마을에 나타나면 가만두지 않겠어!"

사람들은 우물쭈물하더니 모두 뒷걸음질해서 도망치기 시작했다.

"괘, 괜찮아?"

로빈은 쓰러진 키키를 끌어안으며 외쳤다. 머리를 다친 탓일까. 키키는 한동안 정신을 차리지 못하다가 한참 만에 눈을 떴다.

"……내가 누군지 알아보겠어?"

"윽, 여긴 어디지? 그리고 넌 누구야?"

"나 로빈이야. 네가 나의 부탁을 들어주기로 했던 거 기억 안 나?"

키키는 로빈과 후드, 프랑켄슈타인을 알아보지 못하는 눈치였다.

"음, 아무래도 키키가 머리를 다쳐서 기억 상실에 걸린 것 같아."

"기억 상실?"

"아까 프랑슈아 박사님의 자료를 보다가 우연히 알게 된 사실인데 기억 상실증에는 두 가지 종류가 있대. 새로운 기억을 만들 수 없는 것과 과거의 기억을 잊는 것. 뇌의 해마와 그 주변 영역이 손상되면 손상된 후에 경험한 사건이나 사실을 기억하지 못한다지 뭐야."

그때 키키가 갑자기 허둥지둥 주위를 둘러보기 시작했다.

"키키, 왜 그래?"

"쉿, 검은 마녀가 오기 전에 청소를 해 둬야 한다고."

키키는 주변을 살피며 조심스럽게 말했다.

"검은 마녀라고? 검은 마녀는 바로 너잖아……."

"무슨 소리야, 내가 그 고약한 마귀할멈이라고? 검은 마녀가 얼마나 못생겼는데! 거기다 얼마나 심술궂다고!"

키키는 자기가 검은 마녀의 집에서 허드렛일을 하는 하녀라고 말했다. 키키는 검은 마녀가 돌아오기 전에 마법 도구를 깨끗이 청소해 두어야 한다며 발을 동동 굴렀다.

"에이, 그럴 리가! 네가 검은 마녀가 아니라고?"

"아니라니까. 난 눈이 몹시 나쁜 검은 마녀를 대신해서 마법 책을 찾아 주고 마법의 재료를 대신 구해 오는 일을 하는 심부름꾼일 뿐이야."

키키는 서둘러 마녀의 오두막으로 돌아가야 한다며 걷기 시작했다. 로빈과 후드, 프랑켄슈타인은 키키의 뒤를 쫓아갔다. 그렇게 얼마나 갔을까. 다급히 걷던 키키가 발을 헛디뎌 넘어지고 말았다. 하필 키키가 넘어진 곳엔 뾰족한 돌부리가 있었다. 키키는 돌부리에 머리를 콕 찍히며 바닥에 나뒹굴었다.

"키키! 괜찮아?"

로빈이 서둘러 넘어진 키키를 부축했다. 키키가 고개를 갸웃하더니 무언가 생각난 듯 멍한 표정을 지었다.

"가만, 우리가 왜 여기 있는 거지? 우린 가시덤불 숲으로 가던 중이었잖아."

"드디어 생각이 난 거야?"

"생각이 나다니, 내가 언제는 기억을 잊어버리기라도 했다는 거야?"

"아, 아니야. 기억이 다시 났으면 됐어."

키키는 조금 전까지 했던 말은 까맣게 잊어버린 듯했다.

"해가 지기 전에 가시덤불 숲으로 가야 해. 그곳에 있는 동굴은 밤이 되면 마녀들도 함부로 못 들어가는 곳이라고."

"왜?"

"검은 마녀 할머니가 그러는데 거긴 무시무시한 괴물이 있다더라고. 어머, 내가 방금 무슨 말을 한 거지? 검은 마녀는 바로 난데!"

로빈이 보기에 키키는 뭔가 비밀을 품고 있는 게 분명했다.

로빈의 뇌 과학 상식

왜 어릴 때 일은 기억이 잘 안 날까?

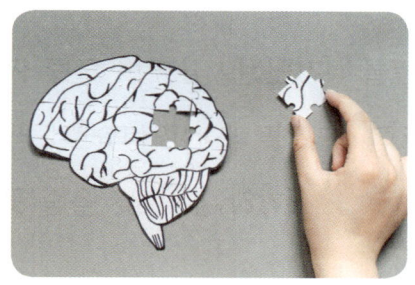

여러분은 갓난아기 때의 일을 거의 기억 못 할 거예요. 그런데 어렸을 때 익힌 낱말이나 감정, 동작은 잊지 않고 지금까지 사용할 수 있는 이유는 무엇일까요? 기억의 종류에 따라 기억이 저장되는 뇌의 부위가 다르기 때문이에요. 머리 부상으로 양측 측두엽과 해마를 잘라 낸 환자가 있었어요. 수술 후에는 자신이 그동안 매일같이 그림을 그렸다는 걸 전혀 기억하지 못했어요. 그런데 습관처럼 그림을 그리다 보니 실력이 나날이 향상되는 거예요. 이것은 바로 내재되어 있던 기억 덕분이에요.

이 내재 기억은 소뇌, 편도, 선조체에 주로 저장된다고 밝혀졌어요. 우리가 유년 시절이라고 하는 기억은 보통 해마와 연관이 있고요. 그런데 왜 유년 시절 기억을 잘 잊어버리는 거냐고요? 확실하게 밝혀지지는 않았지만, 기억을 담당하는 뇌의 신경 세포 일부가 새로운 신경 세포로 바뀌면서 기억이 초기화된다는 가설이 유력해요. 출생 후 몇 년 동안 신경 세포는 엄청나게 빠른 속도로 만들어지는데, 새로 만들어진 신경 세포가 기존 신경 세포 사이를 파고들면서 세포 간 연결을 끊어 버릴 수 있다는 거예요.

전두엽이 발달하지 못하면 어떻게 될까?

전두엽은 추리, 계획, 운동, 감정, 문제 해결 등을 도맡고 있어요. 우리나라 교육은 오랫동안 암기 위주였기에 해마 등 뒤쪽 뇌를 반복해 쓰는 방식이었는데, 독창적인 사고를 하려면 전두엽을 발달시키는 게 좋다고 해요. 특히 전두엽은 답을 보지 않고 문제를 풀려고 할 때 크게 활성화된대요. 수학 문제를 풀 때 답부터 보면, 수학 실력은 절대 늘지 않을 거예요. 또 전두엽 앞쪽에는 감정을 조절하는 변연계가 있는데, 이 기능이 약하면 사소한 것에 충동적으로 끌리거나 툭하면 화를 내는 성격이 된다고 해요.

기저핵
대뇌 속질의 가운데에 있는 신경 세포체의 집단을 통틀어 이르는 말로, 수의 운동(의지에 따른 근육의 움직임)의 조절, 이 갈기 같은 습관, 눈의 움직임, 인식, 감정 등을 포함한 기능들과 관련되어 있어요.

시상하부
사이뇌의 일부로 뇌하수체와 연결되며 자율 신경계의 기능을 조절해요. 사람의 생명 유지에 필수적인 기본적 행동(섭식, 음수 행동, 성 행동, 체온 조절, 수면, 각종 호르몬 분비 조절 등)을 제어하는 뇌 안의 조절 중추가 집중해 있는 부위이지요.

시상
감각이나 충동, 흥분이 대뇌 피질로 전도될 때 중계 역할을 담당하는 회백질 부분이에요. 간뇌에서 가장 큰 신경 세포의 모임이에요.

편도체
측두엽 내측에 있는 신경핵의 집합체로 변연계에 속해요. 동기와 기억, 주의 및 학습, 감정과 관련된 정보를 처리해요.

해마
기억의 저장과 상기에 중요한 역할을 하는 기관으로, 변연계 안에 있어요.

변연계

대뇌 피질과 간뇌(뇌줄기와 대뇌 사이에 존재) 사이에는 변연계라는 부분이 있어요. 이 부분은 감정, 기억, 식욕, 성욕 등을 담당해요. 오랫동안 뇌는 이성과 논리만을 담당하는 기관으로 알려졌는데, 감정과 성욕 등도 뇌 기능의 하나로 밝혀졌어요. 포유동물이 가장 발달되어 있기 때문에 '포유동물의 뇌'라고도 불려요.

뇌들보(뇌량)

좌뇌와 우뇌 사이에는 정보를 주고받는 다리인 뇌들보가 있어요. 처음에 과학자들은 뇌들보가 좌뇌와 우뇌를 연결시키는 것으로만 생각했대요. 그러다가 1955년 미국 시카고대 대학원생이 뇌들보가 정상적으로 작용해야 뇌가 복잡한 문제를 풀 수 있다는 것을 알아냈죠. 뇌들보가 굵을수록 양쪽 뇌의 정보가 더 빨리 움직일 수 있어 똑똑해질 수 있다고 해요. 천재 과학자 아인슈타인은 이 뇌들보가 남들보다 무척 두꺼웠다고 해요.

뇌도 휴식이 필요해요!

잠을 잘 때도 뇌는 부지런히 활동합니다. 잠을 잔다고 해서 뇌까지 아무 일도 안 하면 심장도 멈추고 숨을 못 쉴 거예요. 꿈을 꾸는 것도 뇌가 열심히 활동한다는 증거예요. 뇌는 비록 잠을 자지 않지만, 그래도 잠깐이라도 휴식을 취해 주는 게 좋아요. 고요하게 마음을 가라앉히고 생각을 하나로 집중하면서 명상을 해 보세요. 산책하거나 멍하니 있는 것도 뇌를 쉬게 해 주는 방법 가운데 하나랍니다. 너무 피곤하면 낮에 20분 정도 낮잠을 자는 것도 뇌를 쉬게 해 주는 거예요. 명상을 하게 되면 이마 바로 뒤에 위치한 좌측 전전두엽의 활동이 두드러져서 행복이나 기쁨 등의 감정이 더욱 활성화된다고 해요.

좌뇌가 발달한 사람이 좋을까, 우뇌가 발달한 사람이 좋을까?

흔히 좌뇌형 인간을 논리적이라고 하고 우뇌형 인간을 창의적이라고 하는데, 정말 그럴까요? 좌뇌와 우뇌에는 분명 각각 특정한 일에 특화된 부위가 있고, 신체에 전달하는 신호도 달라요. 그렇다고 수학을 잘하니까 좌뇌형, 예술을 잘하니 우뇌형, 이렇게 말할 수는 없어요.

좌뇌와 우뇌는 서로 다른 점이 있지만 같은 점이 더 많아요. 오른손잡이의 90%는 좌뇌가 언어를 담당하지만 왼손잡이는 70%만 좌뇌가 언어를 담당하고 나머지 30%는 우뇌에 언어 기능이 있다고 해요. 이렇다 보니 만약 어느 한쪽의 뇌에 문제가 생겨도 나머지 한쪽에서 그 기능을 대신할 수 있는 것이지요.

좌뇌와 우뇌의 구분보다 중요한 것은 두뇌를 어떻게 활용하는가예요. 우리의 두뇌는 영역이 정확하게 딱딱 나뉘어 한곳에서 처리하는 게 아니라 여러 영역에 걸쳐 통합적으로 작동하거든요.

이런 이유 때문에 사고로 대뇌의 운동 영역이 망가지더라도 재활 치료를 통해 걸을 수 있는 거예요. 다른 일을 하던 뇌가 운동 영역을 담당하는 것이지요.

여성의 뇌와 남성의 뇌, 정말 다를까?

남녀의 뇌 크기가 다를 확률은 52% 정도일 뿐이에요. 이건 뇌 크기만으로는 남녀의 성별을 맞힐 수 없다는 말이에요. 일반적으로 뇌가 크면 지능처럼 특정 능력이 높다고 하는데, 정말 그럴까요?

2018년 영국 애든버러 대학교 심리학과 연구팀이 여성 2750명, 남성 2466명의 뇌를 자기 공명 영상(MRI) 데이터로 분석했어요. 그 결과 뇌의 전체 크기는 남성이 컸지만, 대뇌 피질은 여성이 더 두껍게 나타났다고 해요.

2020년 7월 미국의 한 연구에서는 남성의 뇌는 후두엽, 편도, 해마가, 여성의 뇌는 전두엽 피질과 섬엽(대뇌 반구에서 가쪽 고랑 깊은 곳에 묻혀 있는 대뇌 겉질의 부분)이 각각 다른 성별의 뇌보다 평균적으로 더 큰 것으로 나타났어요.

이것이 무엇을 의미할까요? 남녀의 능력 차이가 아니라, 성별이나 환경에 따라 학습 내용이 다르기 때문일 수 있어요. 여러분 생각은 어떤가요?

뇌가 좋아지는 음식을 찾아라!

프랑켄슈타인이 뇌가 좋아지는 음식을 먹으려고 해요.
무얼 먹어야 뇌가 발달할 수 있을까요?

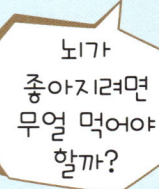
뇌가 좋아지려면 무얼 먹어야 할까?

DHA가 많이 들어 있대!

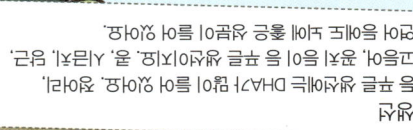
정답
생선에는 DHA가 많이 들어 있어요. 연어, 고등어, 참치와 같은 등 푸른 생선이지요. 콩, 우유, 달걀 등의 음식 속에도 뇌에 좋은 영양분이 들어 있어요.

3장
몸과 뇌는 어떻게 신호를 주고받을까?

통증을 느끼는 뇌

"저…… 이 길이 맞긴 한 거야?"

"그렇다니까."

"이러다 해가 지면 어쩌려고 그러는 거야! 그 꽃은 해가 지면 찾을 수 없다며?"

숲을 걷다가 지친 로빈이 키키를 향해 투덜거렸다. 후드도, 프랑켄슈타인도 지친 기색이 역력했다.

"어허, 나만 믿으라니까. 난 숲의 검은 마녀라고!"

키키는 이 숲은 눈을 감고도 다닐 정도로 훤히 알고 있다며 앞을 향해 성큼성큼 걸어갔다.

로빈은 불안한 표정을 지울 수 없었다. 프랑켄슈타인도 불안한 표정으로 끙 신음했다.

"저기다, 저기!"

키키가 뭔가를 발견하고 반가운 목소리로 외쳤다. 키키가 가리킨 곳은 가시덤불로 뒤덮인 어두컴컴한 숲이었다.

"으, 저 뾰족한 가시 좀 봐! 엄청 날카로워 보이는데?"

로빈이 몸서리치며 말했다. 그 말에 키키도 덜컥 겁을 먹은 듯 우물쭈물 망설였다. 프랑켄슈타인만 아랑곳하지 않고 가시덤불을 향해 걸어갔다. 그런데 가시덤불들이 마치 살아 있는 것처럼 꿈틀거리며 공격을 하지 뭔가.

"아얏!"

"앗, 따가워!"

로빈과 후드, 키키는 가시에 찔리자 아프다며 연신 소리를 내질렀다.

"으, 프랑켄슈타인! 넌 아프지 않아?"

"응? 난 아무렇지도 않아."

"어떻게 이 따가운 가시에 찔려도 아무렇지 않을 수 있는 거지?"

가시덤불들은 로빈과 키키를 쫓듯이 우르르 움직였다. 겁에 질린 로빈은 몸을 잔뜩 움츠렸고 후드는 으르렁거리며 짖어 댔다.

"내가 마법으로 방어막을 만들게!"

키키가 서둘러 마법 주문을 외웠다. 순간 가시덤불들이 마치 성난 것처럼 확 일어나더니 로빈과 후드의 몸을 낚아챘다.

"으악, 따가워! 살려 줘!"

"이, 이상하다. 이 마법이 틀림없는데!"

당황한 키키는 프랑켄슈타인의 등 뒤에 바짝 붙어서 마법 책을 펼쳤다. 그리고 가시덤불들이 프랑켄슈타인을 공격하는 사이 방어막 만드는 주문을 찾기 시작했다.

"아브라카 타브라 아카브라! 마법의 방패여, 나와라!"

키키가 주문을 외우자 눈앞에

보라색 액체가 든 물병이 나타났다.

"방어막을 만든다더니 이게 뭐야!"

"마법 책에는 틀림없이 이 주문을 쓰면 된다고 나와 있는데!"

키키가 당황해서 다시 책을 뒤적거릴 때였다. 가시덤불이 마치 움직이는 손처럼 마법의 물병을 휙 낚아채더니 로빈의 머리 위로 떨어뜨리지 뭔가.

로빈은 무심결에 뚝뚝 떨어지는 보라색 액체를 핥아 먹었다. 후드도 덩달아 혀를 쑥 내밀었다.

보랏빛 액체가 로빈의 목구멍으로 꿀꺽 소리를 내며 넘어가자 놀라운 일이 벌어졌다. 조금 전까지만 해도 따끔따끔 아프던 것이 말끔하게 사라져 버린 것이다.

"엇, 이제 하나도 안 아파."

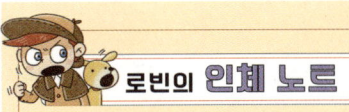

통증과 뇌는 어떤 관계가 있을까?

뇌는 신체 내부뿐만 아니라 주변 환경으로부터 지속적으로 정보를 수집해요. 그리고 살아남고 생존하기 위해서 어떤 반응이 가장 적절할지 결정하지요. 우리 신체 조직은 통각 수용 신호나 위험 신호를 전달할 뿐, '통증'을 결정하는 것은 뇌랍니다.

로빈이 뾰족한 가시를 맨손으로 떼며 중얼거렸다. 후드도 아무렇지 않은 듯 가시덤불을 물어뜯었다. 가시덤불들은 끈질기게 로빈 일행을 공격했지만 아픔을 느끼지 않는 로빈과 후드, 프랑켄슈타인에게 아무 소용이 없었다.

그렇게 얼마나 갔을까. 가시덤불들이 없는 들판이 나타났다. 한숨 돌린 로빈 일행은 잠깐 쉬어 가기로 했다. 키키는 나무 아래에 등을 기댄 채 마법 책을 뒤적거렸다.

"아까 그 마법의 물약은 통각을 늦추는 약인가 봐."

"통각? 그게 뭔데?"

"사람의 몸 곳곳에는 '통점'이라는 것이 있는데, 거기를 자극 받으면 통각 신경이 그 신호를 뇌로 전달한대. 그렇게 해서 아픔을 느끼게 되는 거지."

"잠깐, 그 약물이 통각을 느리게 한다고?"

갑자기 로빈이 "아얏!" 소리를 지르며 바닥을 데굴데굴 구르기 시작했다. 후드도 계속 깽깽거렸다.

그렇게 얼마나 바닥을 구른 걸까. 로빈이 간신히 눈물을 참으며 일어났을 때였다. 갑자기 프랑켄슈타인이 아주 느린 소리로 "아야아!" 하고 몸을 벅벅 긁기 시작했다. 뇌 발달이 덜 되어서 그런지 통각도 늦게 찾아오는 모양이었다.

뇌와 몸을 연결해 주는 기관

가시덤불 숲 끝에 이르자 작은 동굴이 나타났다. 그런데 커다란 바위가 입을 떡하니 막고 있었다.

"마법으로 동굴 바위를 없애 버릴까?"

"그러다가 마법의 꽃까지 같이 없어지면 어떡해."

"지금 내 실력을 무시하는 거야?"

키키가 발끈하자 로빈이 태연한 표정으로 대꾸했다.

"사실은 너 진짜 검은 마녀 아니지? 그렇지?"

"그, 그걸 어떻게 알았어?"

키키가 두 눈을 휘둥그레 치켜떴다.

"네가 머리를 다쳤을 때 중얼거리는 말을 들었어."

키키는 원래 검은 마녀를 돕는 일을 하던 아이였다. 그런데 어느 날부터인가 검은 마녀가 물건의 이름도 제대로 기억하지 못하고 마법 주문도 외울 수 없게 되었다. 그리고 작년에 세상을 떠났다고 했다. 그래서 키키는 어깨너머 배운 마법으로 검은 마녀인 척하기 시작했다고 고백했다.

"혹시 검은 마녀는 알츠하이머병에 걸렸던 게 아닐까?"

"그게 뭔데?"

"알츠하이머병은 뇌에 생기는 병이야. 처음엔 자꾸 깜빡깜빡하는 일이 생기고 사물의 이름도 잊어버린대. 나중엔 대부분 기억을 잃어버려서 자식도, 주변 사람도 누구인지 못 알아본다지 뭐야."

키키는 마녀 할머니를 떠올렸다가 몸을 부르르 떨었다.

"프랑켄슈타인 도와줘. 얼른 마법의 꽃을 찾아서 돌아가야겠어."

"으라차차!" 하고 바위를 끌어안은 프랑켄슈타인은 있는 힘껏 힘을 주었다. 그러자 땅속 깊이 박혀 있던 바위가 움직이기 시작했다.

"로빈, 얼른 동굴 안으로 들어가서 마법의 꽃이 있는지 확인해 줘!"

키키의 말에 로빈과 후드는 잽싸게 동굴 안으로 들어갔다. 동굴 안은 로빈이 엎드려서 엉금엉금 기다시피 움직여야 할 정도로 낮고 비좁았다. 로빈은 입에 손전등을 물고 동굴 안을 두리번거렸다. 그때 바위틈에 피어 있는 보라색 꽃이 보였다.

"바로 저거다!"

후드도 꼬리를 흔들며 왈왈 짖었다. 로빈이 손을 뻗어 꽃을 꺾으려 할 때였다. 어디선가 구수하고 맛있는 빵 냄새가 났다. 꽃 옆에 먹음직한 빵이 떡하니 놓여 있지 뭔가!

구수한 빵 냄새를 맡자 배에서 꼬르륵 소리가 나며 입에 침이 고였다. 로빈은 꽃을 꺾어야겠다고 생각하면서도 자기도 모르게 빵이 있는 쪽으로 손을 내밀었다.

'엇, 분명 나는 꽃을 향해 손을 뻗었는데 왜 빵을 집으려는 거지?'

로빈의 손이 말을 듣지 않았다. 누군가 로빈의 손을 억지로 잡아끄는 것만 같았다.

그때 밖에서 프랑켄슈타인이 끙끙거리며 신음하는 소리가 들려왔다.

"로빈, 아직 멀었어?"

"아, 아니!"

로빈이 대답하려고 입을 벌리는 순간 손이 빵을 억지로 입안에 밀어 넣어 버렸다.

"웅엉웅엉!"

로빈은 빵을 삼키지 않으려고 애썼다. 하지만 어찌 된 영문인지 이와 혀가 저절로 움직이며 빵을 씹어 목구멍 속으로 넘겨 버렸다.

억지로 빵을 삼킨 로빈은 그 자리에 털썩 쓰러지고 말았다. 그렇게 얼마나 시간이 지났을까. 눈을 뜬 로빈은 자신이 침대에 누워 있다는 걸 깨달았다.

'여기가 어디지?'

로빈은 '몸을 일으켜야지!'라고 생각했지만, 몸은 바닥에 찰싹 달라붙어서 꼼짝도 하지 않았다. 로빈은 눈을 치켜뜨고 주변을 살피려 애썼지만 눈꺼풀이 저절로 닫혀 버리고 말았다.

"웅웅웅, 으웅!"

로빈은 말을 하고 싶었지만, 목소리조차 마음대로 나오지 않았다. 그때 키키가 문을 열고 들어왔다.

"로빈, 정신이 들어?"

"낭 좀 상령 줵! 냉 몸미 맘대로 되징 않앙!"

"뭐? 말을 또박또박 해 봐!"

로빈은 식은땀이 났다. 몸이 계속해서 자기의 생각과는 정반대로 움직였다.

"아무래도 뭔가 이상해. 마법의 거울로 로빈의 몸을 살펴봐야겠어."

키키는 마법의 거울을 꺼내 로빈의 머리를 비추었다. 순간 커다란 애벌레 하나가 로빈의 뇌를 갉아 먹고 있는 게 보였다.

"꺄악, 저게 뭐지?"

키키는 로빈의 뇌 속에 달라붙어 있는 애벌레를 보고 외마디 비명을 내질렀다. 프랑켄슈타인은 애벌레를 로빈의 몸 밖으로 꺼내려면 머리를 흔들어 보는 게 좋겠다고 말했다.

프랑켄슈타인이 무지막지하게 커다란 손으로 로빈의 멱살을 붙잡고 몸을 흔들기 시작했다. 로빈을 거꾸로 들고서 탈탈 털어 보기도 했다.

"계속해, 계속!"

로빈은 속으로 '제발 그만하라고!'라고 외쳤는데, 입에서는 반대말이 터져 나왔다.

"정말 계속해?"

프랑켄슈타인이 로빈의 몸을 세게 흔들자 이번에는 로빈의 입에서 웃음이 터져 나왔다.

"프랑켄슈타인, 네가 흔들어 주니까 로빈은 엄청 재미있나 봐. 나라면 엄청 괴로울 것 같은데 말이지."

키키가 고개를 갸웃하며 중얼거렸다.

"아니, 난 좋아. 좋아. 좋아."

로빈은 계속해서 하고 싶은 말을 반대로 했다. 눈물을 흘리고 싶었지만 웃음이 터져 나왔고, 눈을 감으려 하면 떠졌고, 혀를 밖으로 쑥 내밀려고 하면 입이 꾹 닫혔다.

'내 몸이 내 마음과는 정반대로 움직이는 것 같아.'

로빈은 마음을 가다듬고 키키를 향해 이렇게 생각했다.

'키키, 내 뇌가 명령을 아주 잘 따르고 있는 것 같아. 내가 어떻게 이런 식으로 행동할 수 있는 건지 절대 알아보지 마!'

그러자 로빈의 입에서 반대말이 터져 나왔다.

"키키, 내 뇌가 명령대로 움직이지 않아. 내가 왜 이런 식으로 행동하게 되는 건지 꼭, 반드시 알아봐 줘!"

키키와 프랑켄슈타인은 마법의 책을 뒤적거리기 시작했다.

"바로 이거야! 저 애벌레는 뇌의 신경 세포를 갉아 먹는 녀석이야."

"신경 세포?"

"그래, 인간의 몸에는 냄새를 맡고 냄새에 반응하고 발견하게 하는 감각 기관이 있대. 코와 눈 같은 기관 말이야. 코와 눈이 빵 냄새를 맡고, 빵이 어디 있는지 확인하면 뇌는 손을 뻗어 그걸 먹으라고 명령을 내리지. 이 모든 것은 뇌와 연결된 신경이 명령을 전달할 수 있도록 해 주기 때문에 가능한 거래."

'그럼 저 애벌레를 절대 잡아선 안 돼!'

로빈이 속으로 이런 생각을 하자 입에서 "반드시 저 애벌레를 잡아야 해!"라는 소리가 튀어나왔다.

"어디 보자, 우리는 말을 통해 의사를 전달하지만 뇌는 신경 물질을 이용해 서로 신호를 주고받는대. 저 애벌레는 신경 물질을 먹고 배설물을 내놓는데, 그게 반대되는 신경 물질 역할을 하나 봐."

　마법의 책을 통해 살펴본 키키는 '거꾸로 물약'을 만들었다.

　"로빈, 이 물약을 먹어 봐."

　"싫어!"

　로빈은 또 말이 반대로 나왔다.

　"그렇다면 하는 수 없지."

　프랑켄슈타인이 손으로 로빈의 입을 쩌억 벌린 사이, 키키가 재빨리 물약을 넣었다. 순간 로빈의 모든 생각이 신경에 거꾸로 전달되었다.

　"휴, 이제 좀 살 것 같네. 마음대로 움직이지 못하고 표현할 수 없다는 게 이렇게 힘든 것인 줄 몰랐어!"

뇌의 명령을 받지 않는 자율 신경계

로빈은 자신에게 무슨 일이 있었던 건지 물었다.

"우리가 널 기다리고 있을 때였어. 후드가 하도 시끄럽게 짖는 거야. 그래서 혹시나 하는 마음에 동굴 안으로 들어가 봤지. 그랬더니 네가 보라색 꽃 앞에 쓰러져 있지 뭐야. 아무래도 꽃에 무시무시한 보호 마법이 걸려 있었던 게 틀림없어."

키키는 다행히 꽃을 무사히 가져왔다고 얘기했다.

"그래? 박사님은 지금 좀 어떠셔?"

"아직도 주무시는 것 같아. 좀 있다가 일어나면 꽃잎을 드릴 거야. 얼마나 곤하게 자는지 박사님께선 숨도 쉬지 않고 움직임 하나 없이 자는 중이야."

"뭐?"

로빈은 당장 박사님에게 달려갔다. 프랑슈아 박사님은 숨을 거의 쉬지 않는 것 같았다.

"박사님께서 언제부터 이러신 거야?"

"아까부터. 왜? 무슨 일이 생긴 거야?"

"아무래도 박사님께서 곧 돌아가실 것 같아!"

"그게 무슨 소리야? 그냥 기운이 너무 없으니까 숨을 약하게 쉬고 주무시는 게 아닐까? 깨어나면 심장이 다시 움직일지도 모르잖아."

프랑켄슈타인이 끼어들었다.

"심장이나 폐, 소화 기관, 혈관 같은 내장 기관은 우리가 잠을 자든, 일어나 있든 계속해서 움직여. 이런 기관들은 인간의 의지와는 관계없이 자기가 스스로 움직이는 거야."

"우와, 그게 가능해?"

키키와 프랑켄슈타인이 동시에 물었다.

"생각해 봐, 내가 심장에게 '멈춰!'라고 명령한다고 해서 심장이 멈출 수 있어? 아니잖아."

"그, 그 말은!"

박사님이 돌아가셨을지도 모른다고 생각한 프랑켄슈타인은 바닥에 털썩 주저앉아 눈물을 흘리기 시작했다. 로빈도, 키키도 침울한 표정으로 그 모습을 바라보았다. 프랑켄슈타인은 슬픔을 참지 못하고 주먹으로 박사님의 가슴을 쿵쿵 내리쳤다.

"아빠, 아빠! 이렇게 돌아가시면 안 돼요!"

프랑켄슈타인이 주먹으로 다시 박사님의 가슴을 쾅 내리치려 할 때였다. 프랑슈아 박사가 콜록콜록 기침하며 눈을 번쩍 떴다.

"켁! 가슴이 너무 아프구나!"

키키는 정신을 차린 박사님에게 서둘러 보라색 꽃잎을 먹였다. 그러자 창백하고 흐렸던 박사님의 안색이 밝아지며 혈색이 돌기 시작했다.

"아아, 몸이 날아갈 듯 가뿐하구나!"

박사님의 말을 들은 로빈과 후드, 키키와 프랑켄슈타인은 가슴을 쓸어내리며 안도의 한숨을 내쉬었다.

"고마워, 이게 다 너희들 덕분이야!"

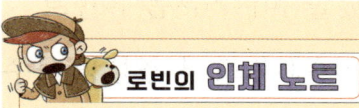

우리 몸을 연결하는 전선, 신경!

우리 몸에서 기관과 기관을 이어 주는 전선과 같은 역할을 하는 곳이 있어요. 바로 신경이지요. 뇌는 신경을 통해 감각 기관에서 느낀 정보를 전달받고, 명령을 우리 몸 곳곳으로 내리지요. 신경을 통해 전달되는 정보의 속도는 매우 빨라요. 손에 불이 닿았을 때 '뜨겁다'라는 정보가 뇌로 가서 손을 치우라는 반응이 올 때까지, 손과 뇌 사이의 신경 길이가 2m(왕복)라고 가정하고 전달 속도가 100m/s라고 가정하면 1/50초, 즉 0.02초 만에 손을 움직이기 시작하게 된다는 것이에요.

베르니케 영역과 브로카 영역

1863년 프랑스 외과 의사인 폴 브로카는 뇌에 관한 논문을 발표했는데요. 이것은 대뇌 좌반구의 전두엽이 손상돼 말을 하지 못하는 언어 장애가 생긴 여덟 가지 사례를 담은 것이었어요. 이후 그가 발견한 뇌의 언어 중추는 그의 이름을 따 '브로카'라고 부르게 되었지요.

브로카는 '말하기' 기능을 수행하는 영역이에요. 전두엽의 운동 피질에서 입과 입술을 조절하는 영역과 인접해 있어서 브로카 영역이 손상되면, 말을 알아듣거나 읽을 수는 있지만 말하는 데는 어려움을 겪게 되어요. 보통 실어증이라고 하는 것이 바로 이 영역이 손상돼서 나타나는 증상이에요.

브로카

그 후 1874년 독일의 칼 베르니케는 브로카 영역과는 다른 대뇌 좌반구의 손상에 의해 언어 기능에 장애가 생긴 사례를 발표했어요. 대뇌의 측두엽 상부 표면에 위치하는 이 영역은 청각 피질 바로 뒤쪽에 위치해 있었지요.

이렇게 발견된 베르니케는 '알아듣기' 기능을 수행하는 영역이에요. 베르니케 영역에 문제가 생겨도 실어증이 나타나는데, 브로카와 그 양상이 좀 달라요. 얼핏 말을 유창하게 하는 것처럼 들리지만 그 내용이 이치에 맞지 않고, 다른 사람이 하는 말의 내용을 이해하지 못하거든요.

베르니케 영역은 침팬지와 비교했을 때 인간이 7배나 넓다고 해요. 유인원과 차이점을 설명하는 몇 개의 고유 영역 중 하나이기도 하고요.

베르니케

신경 세포가 뇌까지 신호를 전달하는 과정

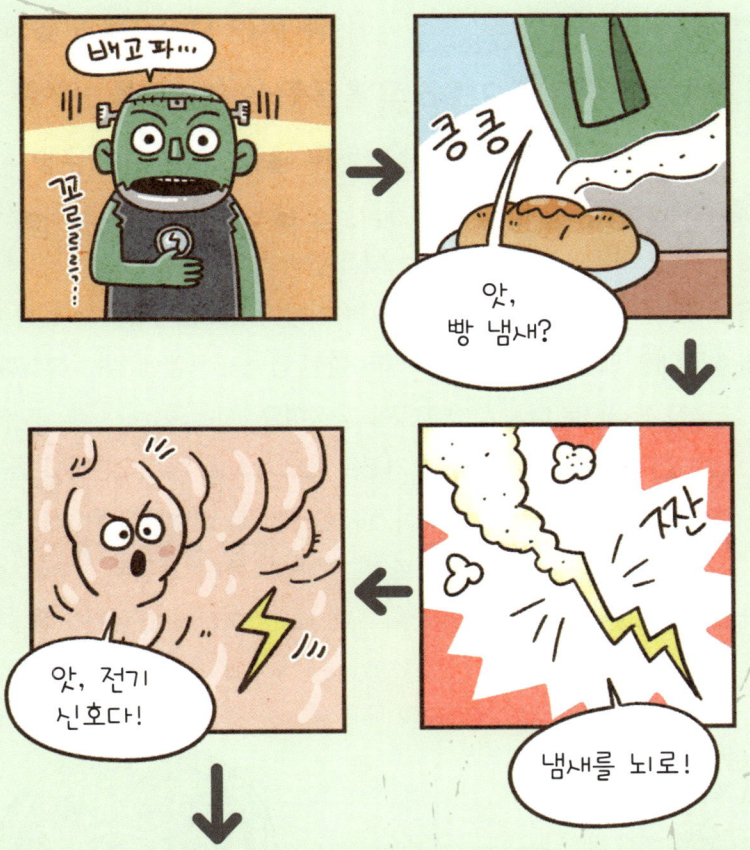

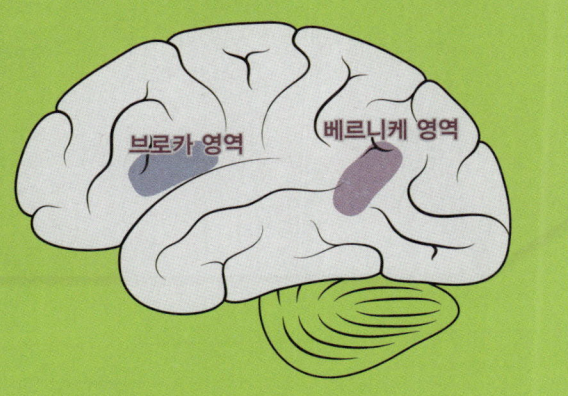

브로카 영역에서 최종 판단이 내려지면 우리 몸은 "빵을 먹어야지!"라든지, "배가 부르니 나중에 먹어야지!"라든지 하는 행동을 결정하고 명령을 실행하게 된답니다.

몸은 뇌가 명령해야만 움직이는 걸까?

척추동물에게는 뇌와 함께 중추 신경계를 구성하는 신경 세포의 집합체인 척수가 있어요. 척수는 뇌의 가장 안쪽에 있는 뇌간 영역의 연수 아래쪽에 있어서 뇌와 매우 밀접한 관계를 맺고 있답니다. 척수는 몸과 뇌의 신호를 주고받는 일을 해요. 척수가 명령을 내릴 때는 감각 기관에서 받아들인 정보가 등골에 있는 척수까지만 들어갔다가 곧장 신경으로 다시 나와 근육을 움직여요.

척수는 뇌의 명령을 전달하기도 하고 거꾸로 몸에서 뇌로 들어오는 신호를 뇌로 전달하는 역할도 해요. 만약 척수에서 이 신호를 제대로 전달하지 못하면 우리 몸은 감각을 느낄 수 없게 된답니다. 흔히 뜨겁고, 차갑고 이런 느낌을 피부에서 느낀다고 생각하는데, 실제로는 척수를 통해 뇌가 느끼는 것이랍니다.

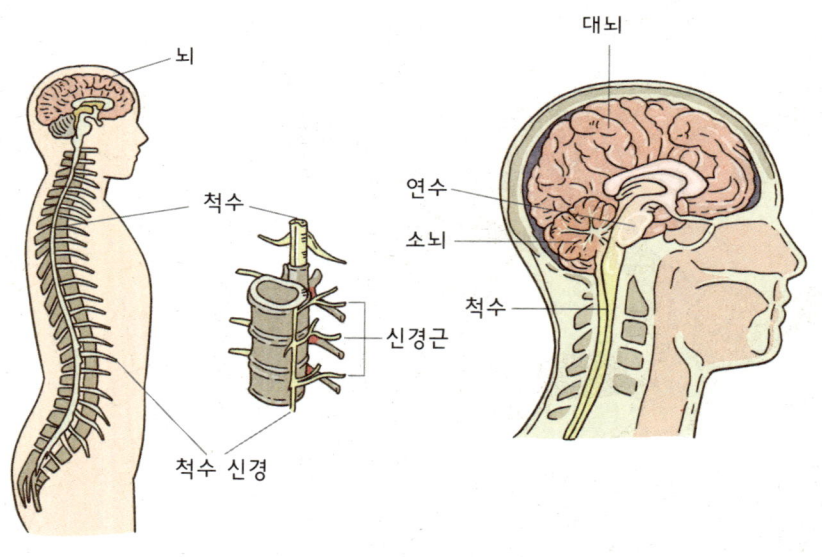

뇌파를 관찰하면 거짓말을 알아챌 수 있을까?

신기한 일이지만, 우리 뇌는 전기를 이용해요. 뇌의 신경 세포들은 전기 신호로 서로 신호를 주고받아요. 과학자들은 뇌가 보내는 전기 신호를 기계를 이용해 읽는 방법을 찾아냈어요. 뇌가 보내는 전기 신호를 데이터로 만든 것을 '뇌파'라고 해요.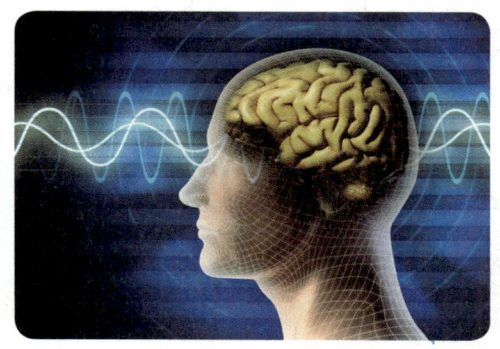

이러한 뇌파를 이용해 범죄자의 거짓말을 가려 내는 기술도 개발되었는데요, 바로 1990년대 로렌스 파웰이 고안해 낸 뇌 지문 감식법이랍니다. 두피에 장치를 붙여 뇌 세포의 전기적 활동을 기록하는 검사로, 뇌파 그래프를 얻을 수 있어요. 만약 용의자가 잘 알고 있는 사실에 대답을 해야 하는 상황이라면, 아무리 거짓말을 해도 그 변화가 그래프에 나타난다고 생각한 것이지요.

이러한 뇌 지문 감식법은 범죄 사건의 증거로 쓰이기는 하지만, 미국 법원이 증거로 받아들인 적의 거의 없어요. 그저 범인을 심문할 때 참고만 하는 것이지요.

검사자가 범죄에 대해 매우 잘 알고 있어야 한다는 어려움이 있고, 용의자가 약물 등으로 검사에 혼란을 줄 수도 있기 때문이에요. 또한 범죄 사실 여부와 달리 용의자의 정신 상태에 따라 뇌파가 불안정하게 나타날 수 있기 때문에 완벽한 증거로 제출하기는 어려운 점이 있답니다.

신경 세포를 찾아라!

다른 세포는 없어지면 새로 생겨나지만, 신경 세포는 손상되면 회복할 수 없어요. 박사님이 프랑켄슈타인을 위해 신경 세포를 만들다가 잃어버리고 말았대요. 다 함께 신경 세포를 찾아볼까요? 번호를 따라 차례대로 선을 그려 보세요.

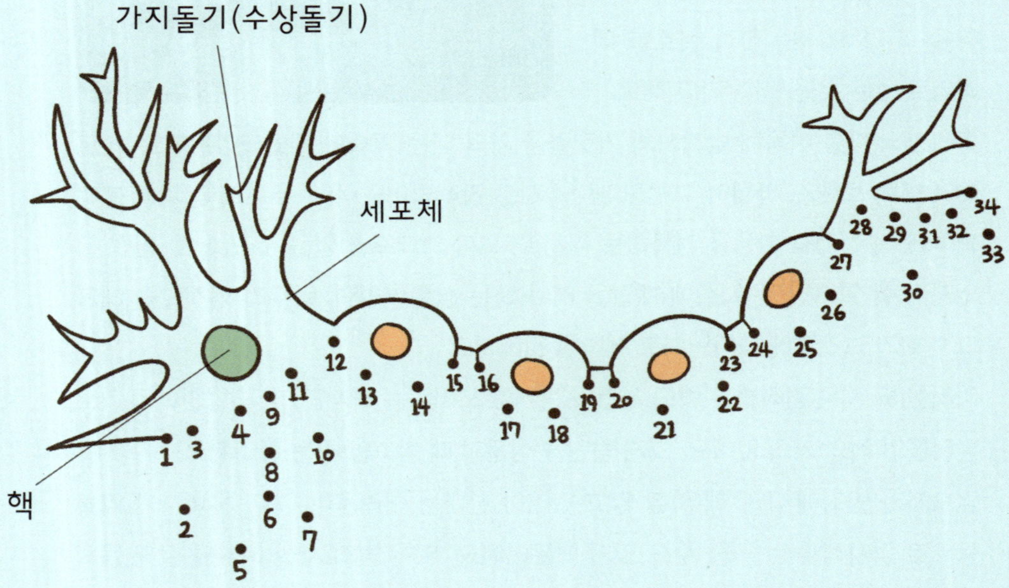

가지돌기(수상돌기)

세포체

핵

뇌사자에게 사망 판단을 내리는 것은 과연 올바를까?

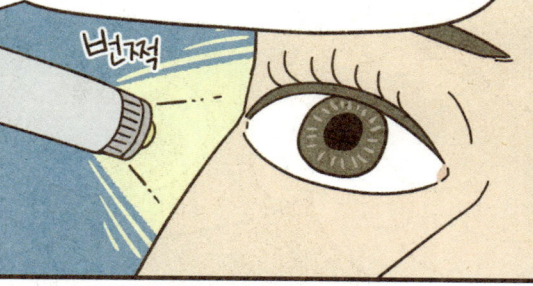

사람과 동물의 뇌는 어떻게 다를까?

식물은 뇌가 없다고?

프랑켄슈타인의 극진한 돌봄 덕분에 박사님의 병세는 날로 좋아졌다. 로빈과 키키는 틈만 나면 박사님을 찾아왔다. 프랑슈아 박사님은 로빈과 키키를 친손주처럼 아껴 주었다.

그렇게 평화로운 날이 계속되던 어느 날.

"소문 들었어? 빅파머 씨네 농장 가축들이 모조리 죽임을 당했대."

"어머머, 혹시 그 괴물이 또 나타난 거 아닐까요?"

"그러게!"

마을에 찜찜한 일이 벌어지자 사람들이 수군거렸다. 때마침 박사님과 함께 먹을 걸 사러 나왔던 로빈 일행은 마을 사람들이 나누는 얘기를 듣게 되었다.

"내, 내가 한 짓이 아니야!"

프랑켄슈타인은 이전의 기억이 떠오른 듯 몸서리를 치며 말했다.

"걱정하지 마, 우린 널 믿어!"

"그래, 넌 절대 그런 짓을 하지 않았다는 걸 증명하면 돼."

로빈과 키키는 프랑켄슈타인을 애써 진정시켰다.

그날 오후, 로빈은 마을에서 일어난 일을 자세히 들을 수 있었다. 누군가 빅파머 씨의 농장에 나타나 가축을 모조리 죽이고 해괴망측한 짓을 벌였다고 한다.

"대체 무슨 짓을 벌였는데요?"

로빈이 묻자 사람들이 눈치를 살피더니 조심스럽게 말했다.

"글쎄, 가축의 뇌를 쏙 빼 갔지 뭐야!"

"뭐라고요?"

"정말이라니까! 빅파머 씨의 농장에 있던 소들이 몽땅 죽임을 당했다고. 정말 끔찍해."

"그뿐만이 아니야, 다른 농장에서는 돼지들이 죽임을 당했어."

"세, 세상에!"

"이게 다 프랑슈안지 뭔지 하는 괴짜 박사랑 같이 사는 그 괴물이 저지른 일일 거야."

사람들은 프랑켄슈타인을 의심하고 있었다. 로빈은 그럴 리 없다며, 괴물의 정체를 밝혀내겠다고 큰소리쳤다.

그날 저녁, 로빈과 후드, 키키, 그리고 프랑켄슈타인은 괴물이 다녀갔던 빅파머 씨의 농장을 찾아갔다. 축사에는 가축이 한 마리도 남아있지 않았다.

"키키, 마법을 이용하면 단서를 찾을 수 있다는 게 정말이야?"

"그래, 마법의 거울을 이용하면 돼."

키키는 마법의 거울을 높이 치켜들고 주문을 외우기 시작했다. 그러자 거울 속에 지난밤 축사 모습이 나타났다.

"저기 소들이 있는 걸로 봐서는 아직 범인이 나타나기 전인가 봐."

"엇, 엇! 저기 뭔가 나타났어!"

"저, 저건!"

순간 모두의 눈이 휘둥그레졌다. 소에게 성큼성큼 다가오고 있는 괴물은 바로 가시덤불이었다.

"이게 어떻게 된 거지?"

"맙소사, 저것들은 원래 마법으로 만든 가시덤불이기 때문에 사람처럼 움직일 수 있어. 그런데 한동안 강력한 마법의 힘에 봉인 당해서 꼼짝하지 못했던 거지. 우리가 동굴을 찾아갔을 때도 우릴 마구 찌르고 괴롭히긴 했지만 쫓아오진 못했잖아?"

"그런데 여기까지 왔다는 건?"

"우리가 동굴로 들어간 순간 봉인이 풀려 버렸나 봐. 어쩌면 그 마법의 꽃이 사라진 탓에 봉인이 풀린 것일지도 몰라."

"그럼 이제 우린 어떡해야 하지?"

로빈과 프랑켄슈타인이 겁에 질린 표정으로 물었다. 그러자 키키가 굳은 표정으로 말했다.

"어떡하긴, 날뛰는 가시덤불 괴물을 잡아야지!"

그때였다. 마을 아래쪽에서 사람들의 비명이 들려왔다.

"사람 살려!"

"으악, 따가워! 따가워!"

사람들이 소리를 지르며 이리저리 도망다녔다. 로빈 일행은 곧장 소리가 나는 쪽으로 달려갔다. 가시덤불 괴물이 가시넝쿨을 뻗어서 움직이는 것을 닥치는 대로 잡아챘다.

4장 사람과 동물의 뇌는 어떻게 다를까?

"메에에에! 메에에에!"

양 한 마리가 가시넝쿨 손에 붙잡혀 버둥거렸다. 괴물은 커다란 가시가 박혀 있는 입을 쫙 벌리더니 그 양을 꿀꺽 삼켰다. 그러고는 머리 부분을 오물오물 씹는가 싶더니 도로 툭 하고 뱉어 냈다.

"나도 뇌를 갖고 싶다…… 뇌!"

가시덤불 괴물이 으스스한 목소리로 중얼거렸다.

"커억, 지금 저 괴물이 뭐라고 한 거지?"

키키가 눈을 휘둥그레 치켜뜨며 물었다.

"내가 들은 게 맞다면, 저 괴물이 자기도 뇌가 갖고 싶다고 했어."

로빈이 대답하자 키키가 고개를 갸웃했다.

"그러고 보니 정말 이상해. 식물도 우리처럼 살아 있는 생물인데 어째서 뇌가 없는 걸까?"

"식물은 움직이지 않아도 되기 때문이 아닐까? 식물은 햇빛을 에너지로 만들 수 있어서 굳이 움직일 필요가 없잖아."

가시덤불 괴물은 사람들을 향해 계속해서 날카로운 가시넝쿨을 뻗었다. 키키는 얼른 마법의 주문을 외웠다.

"옴 사바하 사나바아하 파이어!"

키키의 주문이 끝나기 무섭게 엄청나게 강력한 불길이 화르르 솟구쳐 올랐다. 불은 마치 살아 움직이는 것처럼 가시덤불 괴물을 쫓아 활

활 타올랐다. 하지만 가시덤불 괴물은 불에도 아랑곳하지 않았다. 가시 넝쿨 손을 뻗어 다른 동물을 잡으려고 발버둥을 쳤다.

"난 뇌가 갖고 싶어…… 뇌……!"

"애꿎은 가축을 죽이지 말고 다른 데 가서 찾아보라고!"

키키가 다시 한 번 마법의 주문을 외웠다. 순간 더욱 강력해진 불꽃이 가시덤불 괴물을 향해 화르르 타올랐다. 가시덤불 괴물은 놀란 듯 몸을 움찔하며 뒤로 물러섰다. 바로 그 순간 프랑켄슈타인이 엄청난 힘으로 가시덤불을 꼼짝하지 못하도록 붙잡았다.

꼼짝없이 마녀 키키가 던진 마법의 불을 맞은 가시덤불 괴물은 비명을 지르며 재가 되고 말았다.

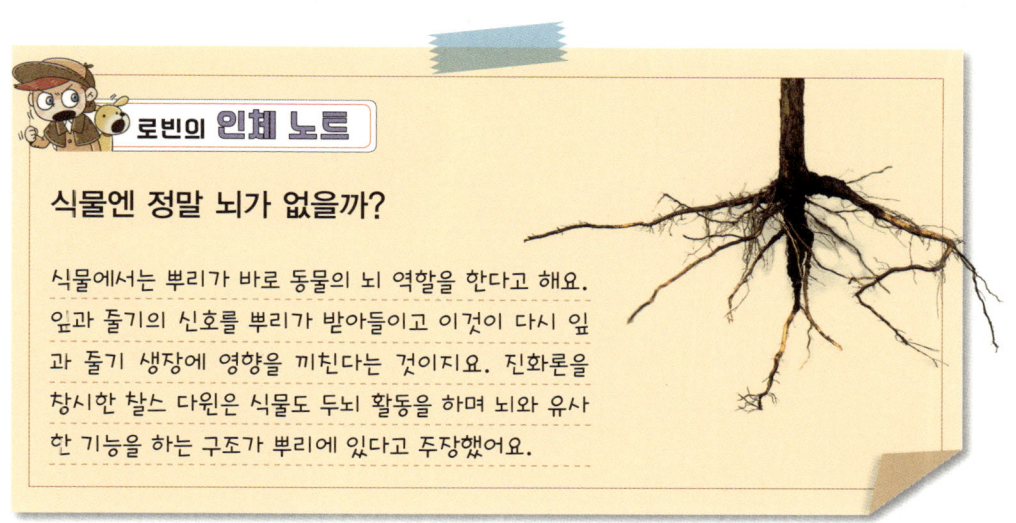

로빈의 인체 노트

식물엔 정말 뇌가 없을까?

식물에서는 뿌리가 바로 동물의 뇌 역할을 한다고 해요. 잎과 줄기의 신호를 뿌리가 받아들이고 이것이 다시 잎과 줄기 생장에 영향을 끼친다는 것이지요. 진화론을 창시한 찰스 다윈은 식물도 두뇌 활동을 하며 뇌와 유사한 기능을 하는 구조가 뿌리에 있다고 주장했어요.

사람의 뇌와 동물의 뇌는 어떻게 다를까?

프랑켄슈타인이 가시덤불 괴물을 없애는 모습을 본 사람들은 머리를 긁적이며 미안한 표정을 지었다.

"우리가 널 오해했어."

"미안하다."

사람들은 더는 프랑켄슈타인을 괴물이라며 손가락질하지 않았다.

그렇게 다시 로빈 일행에게 평화가 찾아오는 듯했다. 하지만 얼마 가지 않아 또 일이 생겼다. 갑자기 후드가 밥도 먹지 않고 꼼짝도 하지 않았는 것이었다.

"마법의 거울을 통해 살펴봤지만, 특별히 아픈 데는 없는 것 같아."

후드를 살펴본 키키가 말했다. 후드는 끼잉 소리만 낼 뿐 물 한 모금 마시려고 하지 않았다.

"후드, 왜 그러는 거야? 문제가 뭔지 얘기를 해야지!"

로빈은 가슴을 치며 괴로워했다.

"휴, 이럴 땐 후드랑 말이 통하면 좋을 텐데!"

그 말을 들은 키키가 고개를 갸웃했다.

"그런 거라면 마법의 약으로 얼마든지 가능해. 기다려 봐!"

키키는 주머니에서 커다란 마법 도구들을 여러 개 꺼내더니 무언가를

뚝딱뚝딱 만들었다. 그런 다음 마법의 주문을 외우자 눈앞에 초록색 약물이 나타났다. 키키는 약물을 후드가 먹을 수 있도록 얼굴에 갖다 댔다.

쩝쩝 짭짭 약물을 핥아 먹던 후드가 약 5분쯤 지나자 자리에서 벌떡 일어섰다.

"와, 나도 사람의 말을 할 수 있게 됐네! 그래, 내가 바란 게 바로 이런 거였어. 나도 사람 같은 뇌를 갖고 싶었다고. 그럼 너희들하고 자유롭게 이야기도 하고 놀 수 있잖아."

"왜 하필 사람의 뇌가 갖고 싶었던 거야? 알고 보면 개의 뇌도 꽤 쓸 만하다고."

"아니, 난 사람의 뇌 능력을 갖고 싶어."

후드의 말에 키키가 마법 책을 뒤적거리기 시작했다.

"어디 보자. 사람의 뇌는 다른 영장류의 뇌와 아주 비슷하지만 신경

세포가 훨씬 더 많다고 해. 신경 세포를 무려 860억 개나 갖고 있다니, 대박!"

"헉, 그렇게 많은 신경 세포를 유지하는 것은 보통 일이 아니겠는데? 세포들이 움직일 때마다 에너지가 소모될 테니까."

"그래, 실제로 사람의 뇌는 하루에 약 516kcal의 에너지를 사용한대. 보통 어른이 먹는 에너지의 양이 1200kcal 정도인데 이 가운데 절반을 모조리 뇌가 활동하는 데 쓰는 거지."

키키는 마법의 책을 살피다가 엄청난 사실을 발견했다는 듯 무릎을 탁 쳤다.

"인간이 왜 익힌 음식을 좋아하는 건지도 여기 나와 있어. 익힌 음식을 먹으면 소화에 필요한 에너지를 줄이고 남은 에너지를 뇌로 보낼 수 있대. 인간이 하루에 세 끼만 먹고도 뇌를 유지할 수 있는 비결은 바로 음식을 익혀 먹기 때문이래!"

그 말을 들은 프랑켄슈타인이 머리를 긁적거렸다.

"흐음, 나는 하루에 여섯 끼는 먹어야 하는걸? 그럼 난 보통 인간들보다 머리가 더 좋은 건가?"

"아니, 넌 그냥 돼지인 거야."

로빈과 키키가 동시에 말했다.

"나도 인간들처럼 뛰어난 머리를 갖게 됐으니 자랑해야겠어!"

후드는 신이 나서 밖으로 나갔다. 그런데 걸을 때마다 머리가 갸우뚱 갸우뚱! 후드는 툭하면 앞으로 고꾸라지곤 했다.

"윽, 예전처럼 쌩쌩 뛰어다닐 수가 없어. 왜 이런 거지?"

"인간의 뇌는 약 1350g으로 고래의 8000g, 코끼리의 5000g 등과 비교하면 가벼운 것 같지만, 의외로 덩치에 비해 인간의 뇌가 차지하는 비율이 가장 높다고. 후드 네 몸에 비해 지금 뇌가 너무 큰 거야."

"으악, 머리가 좋아지면 뭐 해! 무거워서 마음대로 뛸 수도 없는데!"

동네 강아지들을 만난 후드는 놀림거리가 되고 말았다. 다른 강아지들은 머리가 너무 커서 못생겨 보인다며 후드를 비웃었다. 후드의 어깨가 축 늘어지고 말았다.

"앗, 마법의 약물 효과가 끝날 시간이다!"

키키의 말이 끝나기가 무섭게 마법의 약물 효과는 사라지고 말았다. 비록 후드는 사람의 말을 할 수는 없게 되었지만, 전처럼 머리도 작고 몸도 날쌘 강아지로 돌아왔다.

인간보다 뛰어난 뇌를 가진 동물이 있다고?

그날 저녁, 프랑켄슈타인은 이상한 소리를 듣고 잠에서 깼다. 프랑슈아 박사님이 뭔가를 부스럭거리며 만드는 소리가 들렸기 때문이었다.

"아빠? 뭘 만드시는 거예요?"

"……."

부스스 눈을 비비며 일어난 프랑켄슈타인이 박사님을 향해 물었다. 하지만 박사님은 아무런 대꾸도 하지 않았다.

프랑켄슈타인은 불을 밝히고 프랑슈아 박사에게 다가갔다. 순간 프랑켄슈타인의 입에서 외마디 비명이 터져 나왔다.

"세상에!"

프랑슈아 박사님은 수십 마리의 연어를 해부하고 있었다. 연구실 안에는 죽은 연어들이 널브러져 있었다.

프랑켄슈타인은 날이 밝자마자 로빈과 키키를 찾아갔다. 그리고 간밤에 박사님이 보인 행동에 관해 얘기했다.

"마치 뭔가에 홀린 사람 같았다니까. 정말 이상했어. 눈엔 초점이 없고 내가 말을 걸어도 듣는 척조차 하지 않았어."

"혹시 연어 스테이크나 연어 샐러드 같은 게 드시고 싶어서 그런 게 아닐까?"

키키가 머리를 굴리며 물었다.

"난 가끔 그럴 때 있거든. 너무 먹고 싶은 게 생각나면 그걸 먹어야지 하는 생각 말곤 아무 생각도 안 들더라고."

"그건 네 뇌가 너무 단순해서 그런 거야."

로빈이 핀잔을 주었다.

"피, 먹고 싶은 걸 먹겠다는 마음은 죄가 아니라고!"

"아무튼 박사님이 오늘 밤에도 이상한 행동을 하는지 살펴봐. 그런 다음 결론을 내리자."

그날 저녁, 프랑켄슈타인은 잠을 자는 척하고 누워서 박사님의 행동을 살폈다.

아니나 다를까, 이번에도 프랑슈아 박사님은 자리에서 부스스 일어나더니 중얼중얼 혼잣말을 하며 연구실을 향해 걸어갔다.

"인간보다 뛰어난 뇌를 만들어야 해. 뛰어난 뇌……! 난 최고의 과학자니까 얼마든지 할 수 있어!"

프랑슈아 박사님이 연구실 안쪽에서 꺼낸 건 수십 마리의 강아지였다. 강아지들은 모두 입에 재갈이 물려 있었고, 목에 무거운 쇠사슬이 묶여 있는 상태였는데, 놀랍게도 그 속에는 후드도 있었다.

'후, 후드!'

프랑켄슈타인은 후드의 이름을 부르고 싶었다. 하지만 박사님이 뒤를 돌아볼까 봐 입을 꾹 틀어막고 참았다.

"난 너희가 가진 뛰어난 능력을 빼앗을 거야. 너희는 사람보다 냄새를 잘 맡고 소리를 잘 듣지. 그건 뇌가 아주 특별하게 발달했기 때문이란다. 너희들의 그토록 뛰어난 능력을 인간의 뇌에 포함을 시키는 거야. 그럼 정말 완벽한 뇌가 되겠지!"

박사님이 중얼거리는 말을 들은 프랑켄슈타인은 놀라서 두 눈을 부릅떴다. 박사님은 마치 딴사람 같았다. 흐흐흐 웃으며 강아지의 머리를 쓰다듬는 박사님을 보자 온몸의 털이 쭈뼛쭈뼛 곤두설 지경이었다.

'어, 어떡하지? 후드를 구해야 하는데!'

그때 재갈을 푼 강아지 한 마리가 박사님의 팔목을 덥석 물었다. 후드도 잽싸게 재갈을 빼내고 박사님을 향해 짖었다. 뒤이어 다른 강아지들도 일제히 재갈을 풀고 박사님을 향해 으르렁거렸다. 하지만 박사님은 전혀 겁을 먹은 듯 보이지 않았다.

"난 이 세상에서 가장 뛰어난 뇌를 만들어야 해. 그러기 위해서는 다른 동물들의 뇌에서 인간보다 뛰어난 기능만 골라 뽑아내야 해."

박사님이 강아지들을 향해 다가서려 했다. 그 모습을 보다 못한 프랑켄슈타인이 박사님의 팔을 붙잡았다.

"후드, 빨리 가서 로빈과 키키에게 도와 달라고 해!"

프랑켄슈타인은 다른 한 손으로 후드의 목에 묶여 있던 사슬을 풀어 주었다. 프랑슈아 박사님은 온몸을 비틀며 괴로워했다.

"이거 놔, 내 실험 도구들이 도망치고 있어! 내 실험 도구들!"

"아빠, 제발 정신을 차리세요!"

프랑켄슈타인은 박사님을 억지로 붙잡은 다음 의자에 앉혔다. 그리고 더 이상 움직이지 못하도록 꽁꽁 묶어 놓았다.

뇌가 크면 더 똑똑할까?

사람이 다른 동물보다 영리하다는 근거로, 뇌 크기 자체를 말할 때가 많아요. 실제로 인간의 뇌는 다른 동물에 비해 큰 편이기도 하고, 체중과 뇌 무게의 비율을 고려했을 때 인간의 뇌는 꽤 무거운 편이지요. 그러나 뇌의 크기 자체만으로 지능을 판단할 수는 없어요. 침팬지와 소의 경우에 둘 다 뇌 무게가 400g 정도이지만 침팬지가 소보다 훨씬 더 똑똑하거든요. 체중과 뇌 무게의 비율로도 지능을 가늠하기 어려워요. 돌고래의 경우 체중과 뇌 무게의 비율이 사람과 비슷하지만 신경 세포의 밀도가 훨씬 낮기 때문이지요. 그럼 근본적으로 사람의 뇌와 동물의 뇌 차이점은 무엇일까요? 사람과 같은 영장류는 뇌 신경 세포가 월등히 많아요. 다른 동물들의 신경 세포의 경우 뇌가 커지면 세포도 커지지만, 영장류는 신경 세포의 크기가 변하지 않죠. 뇌가 커지는 만큼 동일한 크기의 신경 세포가 더 많이 들어가 있는 셈이에요. 그리고 가장 큰 차이점은 사람은 음식을 익혀 먹음으로써 소화에 필요한 에너지를 절약하고 뇌 활동에 필요한 에너지를 더 많이 얻을 수 있게 되었다는 점이에요.

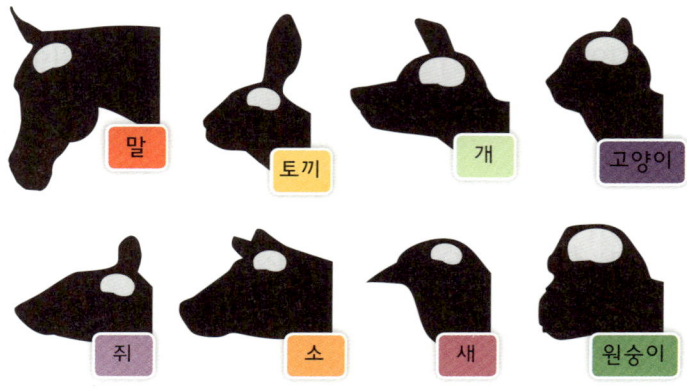

인간의 뇌는 처음부터 좋았을까, 점점 발달한 것일까?

약 300만 년 전에 살았다고 알려진 오스트랄로피테쿠스는 뇌 크기가 지금 인간의 1/3 정도밖에 되지 않았어요. 하지만 두 발로 서서 허리를 세우고 꼿꼿하게 걷기 시작하면서부터 뇌가 점점 발달하게 되었지요. 손으로 도구를 만들고 사용하게 되면서 뇌가 자극을 받아서 더욱 발달한 거예요.

그렇게 서서히 발달하게 된 뇌는 불을 사용하기 시작하면서부터 더욱 커졌어요. 그 후 지금처럼 정교한 언어를 사용할 수 있게 되고, 생각하고, 판단하고, 문제를 해결하는 능력을 갖추게 되었답니다.

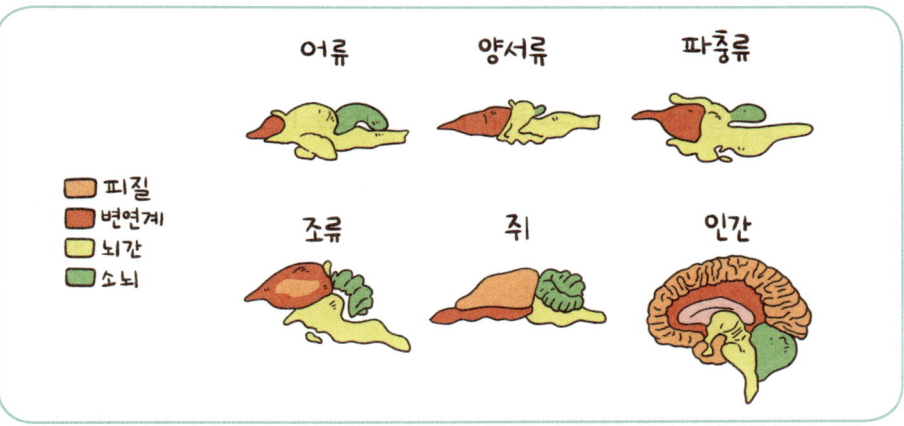

산호 같은 원시적인 동물들은 신경과 근육이 발달하지 않아서 뇌가 거의 없어요. 해삼, 해파리 같은 강장동물은 진화하면서 신경과 근육이 조금 생겼고, 오징어, 조개 같은 연체동물은 그보다 신경이 조금 더 발달했어요. 인간처럼 척추를 가진 척추동물은 몸의 여러 곳에 흩어져 있던 신경 세포가 등과 머리 쪽으로 모여 뇌와 척수를 이루어요.

뇌 상식 퀴즈

뇌에 대한 상식으로 맞는 말엔 O, 틀린 말엔 X를 해 보세요.

1. 뇌가 클수록 지능이 높다. ○
2. 인간은 익혀 먹은 음식을 먹어서 뇌가 발달했다. ○
3. 식물은 뿌리가 뇌의 역할을 한다. ○
4. 인간은 피부에서 직접 통증을 느낀다. ○
5. 한쪽 뇌가 망가지면 그곳에서 담당하는 기능도 완전히 상실한다. ○

언젠간 나도 뇌를 가질 수 있겠지?

나만 믿어!

정답: ①X, ②O, ③X, ④X, ⑤X

5장

뇌를 향상시키려면 어떻게 해야 할까?

⚡ 인간은 왜 기억을 잊어버릴까?

뒤늦게 후드에게 불려온 로빈과 키키는 프랑슈아 박사님을 보고 깜짝 놀랐다. 의자에 묶여 있는 박사님의 모습이 마치 다른 사람 같았다.

"내 실험 도구들! 슈퍼 뇌를 만들기 위한 도구들이 도망쳤다고!"

"아빠……!"

프랑켄슈타인은 안절부절못하고 끙끙거렸다. 로빈은 침착하게 프랑켄슈타인에게 어떻게 된 일인지 물어보았다.

"아빠가 동물들의 뛰어난 능력을 빼앗는다며 실험실에서 이상한 일을 벌이고 있었어. 내 말은 들리지 않는 듯했어."

"아무래도 마법의 꽃 때문에 생긴 부작용 같아."

키키의 말에 모두 놀란 표정을 지었다.

"마법의 꽃은 아주 강력한 마법의 도구야. 그걸로 죽어 가는 박사님을 살렸지만, 부작용이 생기는 건 어쩔 수 없는 일이지."

"그럼 이대로 박사님을 내버려 둬야 하는 건가?"

"안 돼, 우리 아빠는 잔인한 사람이 아니야!"

프랑켄슈타인은 어떻게든 박사님을 예전처럼 되돌려야 한다며 눈물을 글썽거렸다.

키키는 마법 백과사전을 펼치고 마법의 꽃에 대한 정보를 찾기 시작했다. 로빈과 프랑켄슈타인도 키키를 도왔다. 하지만 엄청나게 많은 내용 중에서 필요한 정보만 딱 찾기란 여간 어려운 일이 아니었다. 빼곡하게 적힌 글을 하나하나 읽고 점검하는 게 몹시 힘들었다.

"잠깐, 이 부분은 아까 찾았던 내용 아니야?"

"그랬나? 기억이 잘 안 나는데."

로빈의 말에 키키가 머리를 긁적였다.

"돌머리! 아까 봤던 부분이잖아. 집중해서 보라고."

"누구더러 돌머리래? 내가 머리가 얼마나 좋다고!"

로빈의 말에 키키가 발끈했다. 하지만 금세 어깨를 축 늘어트리고 푸념을 늘어놓았다.

"이럴 때 내 머리가 슈퍼 컴퓨터라면 얼마나 좋을까. 한 번 본 내용은 절대 잊어버리지 않는 그런 초능력자라면……."

"푸념하지 마. 인간의 뇌는 이미 매우 대단하다고. 우리의 뇌가 가진 기억의 창고는 아주 거대해서 수십만 권의 책 내용을 모두 담을 수 있을 정도래."

"그런데 왜 나는 아까 본 내용도 헷갈리고 기억이 안 나는 거야?"

"그건 망각 때문이지."

"망각?"

"그래, 망각은 시간에 따라 자연스럽게 잊혀지는 게 아니라, 새로운 정보를 입력하기 위해 편집하듯이 지워 나가는 거야. 지금 우리가 보고 듣고 생각한 것을 모두 기억한다면, 뇌가 필요로 하는 에너지는 엄청날 테니까."

키키가 갑자기 뭔가 떠오른 듯 눈을 번쩍였다.

"가만, 내가 왜 그 생각을 못 했지? 마법의 약물을 이용하면 뇌의 능력을 100% 활용할 수 있을 거야!"

"또 뭘 만들려고?"

로빈이 걱정스러운 표정으로 묻자 키키가 부산스럽게 마법 도구들을 꺼내며 외쳤다.

"망각을 없애는 약물을 만드는 거야! 그럼 잠깐이나마 슈퍼 컴퓨터 같은 뇌를 갖게 될 거야!"

"마법으로 망각을 없애겠다고? 망각은 우리 몸의 자연스러운 현상이야. 예를 들어 전화번호를 외우려고 할 때 옆에서 다른 번호를 알려 주면 앞에서 외운 전화번호를 금방 잊어버리지? 효율적으로 기억하기 위해 일부러 방해하는 거라고."

"음, 나중에 머릿속으로 들어온 번호가 그보다 전에 들어온 전화번호의 기억을 방해한다는 거로구나?"

"그래, 망각은 기억이 만들어질 때의 환경에 따라서도 달라지고 기억의 중요한 정도에 따라서도 달라진다고."

로빈은 마법의 위험성을 경고했지만, 키키는 포기할 수 없다는 듯 마법의 주문을 외우기 시작했다.

"자, 드디어 탄생!"

키키가 만든 망각을 없애는 약물은 짙은 회색 액체였다. 그걸 마시면 온몸이 흐물흐물 녹아 버릴 것 같다는 생각이 들 정도로 기분 나쁜 색깔인 데다가, 냄새도 아주 지독하고 고약했다. 로빈은 차마 그 약물을 마시겠다고 말할 수가 없었다.

"우웩, 이건 나도 못 마시겠다."

키키가 망설일 때였다. 프랑켄슈타인이 박사님을 위해서라면 이깟 약물은 얼마든지 마실 수 있다며 덥석 손을 뻗었다.

"꿀꺽!"

프랑켄슈타인이 마법의 약물을 들이마셨다.

순간 프랑켄슈타인의 입에서 지독한 냄새가 용이 내뿜는 불꽃처럼 뿜어져 나왔다. 로빈과 키키는 그 지독한 냄새를 피하려고 소매로 얼른 코를 가렸다.

지독하고 검은 연기가 박사님 쪽으로 몰려갔다. 손이 의자에 묶여 있던 탓에 피할 수가 없었던 박사님은 연기를 고스란히 들이마셔야만 했다. 프랑켄슈타인은 바닥을 뒹굴며 괴로워했다.

"끄아악!"

"내 마, 마법이 잘못된 건가? 이상하다! 틀림없이 주문을 똑바로 외웠는데……."

키키가 머리를 긁적이며 초조한 표정을 지을 때, 의자에 묶여 있던 박사님이 두 눈을 번쩍 치켜뜨더니 크크크 하고 기분 나쁜 웃음을 짓기 시작했다. 박사님은 몸을 비틀며 의자에서 빠져나오려고 발버둥쳤다.

"프랑켄슈타인!"

"박사님!"

로빈과 키키, 후드는 누구를 먼저 돌봐야 할지 몰라 머뭇거렸다. 바로 그 순간, 박사님이 끈을 풀고 의자에서 벌떡 일어나더니 기분 나쁜 표정을 지으며 소리쳤다.

"으하하, 마법의 힘이 뇌로 모두 빨려 들어왔다. 나는 이제 하나부터 열까지 모든 걸 다 기억하는 천재가 되었어!"

로빈의 뇌과학 상식

망각은 왜 생기는 걸까?

인간은 보고 듣고 느낀 것들을 뇌에 저장해요. 만약 망각이라는 것이 없다면 인간은 태어나서부터 지금까지의 모든 일, 모든 순간, 모든 것들을 하나하나 다 기억해야 할 거예요. 아침에 일어나서 어느 쪽 손으로 눈을 비볐는지, 거울을 보며 어떤 표정을 지었는지 모든 것을 다 기억한다면 정말 피곤하고 복잡해서 살 수가 없을 거예요. 그래서 인간은 꼭 필요하거나 중요하다고 판단한 기억은 저장하고, 불필요하거나 날마다 일상적으로 반복하는 기억은 망각을 이용해 지워 버리는 것이랍니다.

⚡ 슈퍼 뇌를 가진 사람은 행복할까?

프랑슈아 박사님은 차가운 표정으로 프랑켄슈타인과 로빈, 키키, 후드를 바라보더니 당장 성에서 나가라고 소리쳤다.

"에, 우리더러 나가라고요?"

"아빠!"

"난 더는 네 아빠가 아니야! 난 너보다 더 위대한 발명품을 얼마든지 만들 수 있어. 나는 슈퍼 뇌를 가진 천재니까."

프랑슈아 박사님의 눈은 지나치게 번뜩거렸고, 표정은 매우 고약하게 일그러져 있었다. 그 모습을 본 로빈은 괴로워하는 프랑켄슈타인을 부축해서 성 밖으로 빠져나왔다.

"이대로 나와도 괜찮을까?"

"일단 박사님과 떨어져 있는 것이 좋을 것 같아. 프랑켄슈타인, 우선 내 사무소로 가서 방법을 찾아보도록 하자."

"그래……."

프랑켄슈타인이 어깨를 축 늘어뜨린 채 로빈의 탐정 사무소를 향해 걸어갔다. 그 모습을 바라보던 키키가 걱정스럽게 물었다.

"우리가 박사님을 원래대로 돌려놓을 수 있을까?"

"그건 모르지. 하지만 분명한 건 포기하지 않고 계속 노력해야 한다는 거야."

로빈의 말에 키키는 용기를 낸 듯 주먹을 꽉 움켜쥐었다.

프랑켄슈타인과 로빈, 키키는 계속해서 마법의 꽃이 지닌 부작용을 없애는 방법을 찾아봤지만, 소용이 없었다. 모두 마법 백과사전을 통째로 외울 만큼 열심히 공부했지만, 그 부분에 관한 내용을 도무지 찾을 수가 없었다.

"그런데 이상한 점이 있어. 난 키키가 만든 마법의 약물을 마시기까지 했는데 왜 여전히 기억력이 나쁜 거지?"

"그러게……."

키키는 그날 있었던 일을 생각하며 고개를 갸웃했다.

"가만, 그때 박사님이 기분 나쁜 냄새를 가진 연기를 모두 들이마셨었지?"

"그래! 어쩌면 박사님이 이상하게 돌변한 건 그 연기 때문일지도 몰라. 마법의 꽃이 가진 부작용에다가 그 연기가 더해지는 바람에 박사님이 변해 버린 거라면!"

키키는 괜히 자기 탓에 박사님이 변한 것 같다며 걱정스러워했다.

"아무래도 안 되겠어. 박사님에게 가 봐야겠어."

키키는 박사님의 상태가 어떤지만 살펴보고 오겠다며 마법 빗자루에 올라탔다. 로빈과 프랑켄슈타인, 후드도 함께 가겠다고 나섰다.

"좋아, 대신 박사님을 몰래 살펴보기만 하는 거야!"

"그래, 알았어."

이렇게 해서 프랑켄슈타인의 성으로 간 로빈 일행은 뜻밖의 광경을 보고 말았다. 박사님이 성벽에다가 이상한 메모를 하고 있었다.

"1분 전에 나는 지독한 방귀 냄새를 맡았고, 51초 전에 비둘기의 울음소리를 들었다. 18초 전에는 기침을 두 번 했고 눈을 세 번 깜빡거렸다……."

박사님은 자신에게 일어난 모든 일을 하나하나 기록하고 있었다. 그렇게 벽에다가 글을 쓰고 있는 박사님의 모습은 지나치게 초췌해 보였다. 지난 며칠 동안 먹지도, 자지도, 씻지도 않은 게 틀림없었다.

"바, 박사님이 왜 저러시는 거지?"

"쉿, 아무래도 박사님은 슈퍼 기억력을 가진 사람이 된 것 같아. 언젠가 기억을 지울 수 없었던 사람에 대해 들은 적이 있어."

"기억을 못 지우는 사람이라고?"

"그래, 그 사람은 모든 걸 너무 잘 기억해서 고통스러워했지. 그 사람은 긴 단어나 숫자들을 너무 쉽게 외울 수 있는 데다가, 시간이 지난 후에도 그것들을 모두 기억할 수 있었다고 해."

"우와, 그럼 천재가 된 거잖아. 좋은 일이 아닌가?"

"아니, 그 반대였어. 그 사람은 살아오면서 경험한 모든 걸 기억하고 있었거든. 심지어 기억할 당시의 세세한 감정까지 모두 잊지 않고 있었지. 물론 다른 사람들은 그 사람의 특별한 능력을 부러워했대. 공부하느라 애쓰지 않아도 책을 한 번만 읽으면 모두 머릿속에 들어오니까 말이야."

로빈의 말에 키키가 맞장구를 쳤다.

"그래, 시험 볼 때 머릿속 기억을 쏙 꺼내서 사용할 수 있다면 얼마

로빈의 뇌 과학 상식

늙으면 머리도 나빠질까?

보통 성인 뇌 부피는 1350cc 정도 되는데, 나이를 먹어 가면서 부피는 점점 줄어들기 시작해서 65세가 되면 20세와 비교해 10% 정도가 줄어든다고 해요. 계속해서 신경 세포가 사라지거나 크기가 줄고 시냅스들의 수도 적어지기 때문이지요. 특히 고차원적인 사고를 담당하는 전전두엽과 기억과 관련된 해마와 해마 주변 측두엽은 크게 위축된다고 해요. 이처럼 나이 먹음에 따라 운동이나 계산, 판단 같은 기능은 떨어지지만 뇌에 쌓인 정보의 양은 점점 많아져요. 단어 수만 따지더라도 45세쯤 되면 20대에 비해 3배가 넘는다고 해요. 경험으로 얻어지는 정보의 총량도 60세가 되면 20세의 4배에 달하고요. 나이가 들어감에 따라 삶의 지혜가 쌓이는 건 바로 이런 이유 때문이랍니다.

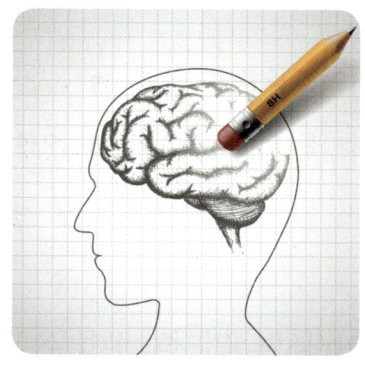

나 편하겠어?"

"하지만 정작 그 사람은 너무 뛰어난 기억력 때문에 다른 일을 할 수가 없었대. 그래서 그 사람은 제발 자신의 기억을 지워 달라며 고통스러워했다고 해."

"기억이라는 건 너무 나빠도 문제고 좋아도 문제로구나."

⚡ 무궁무진한 가능성을 가진 뇌

프랑켄슈타인은 극도로 예민해진 프랑슈아 박사님을 꼭 끌어안았다. 그러자 박사님이 시계를 들여다보며 중얼거렸다.

"지금 시간은 14시 20분 31초, 거대한 괴물 프랑켄슈타인이 나를 꽉 끌어안음. 10초 동안 호흡 곤란이 올 정도로 괴로웠음."

"아빠…… 난 아빠가 천재여도 좋고 바보여도 좋아요. 그 어떤 분이어도 상관없어요. 왜냐면 아빤 나를 만들어 준 세상에서 가장 소중한 분이니까요."

프랑켄슈타인은 박사님을 향해 눈물을 흘리며 말했다. 프랑켄슈타인의 눈물이 프랑슈아 박사의 뺨 위로 뚝뚝 흘러내렸다. 순간, 계속해서 시간을 재며 그때그때 있었던 일을 정리하던 박사님이 멈칫했다.

"14시 25분 11초, 뜨겁고 끈적끈적하고 짠 눈물이 내 뺨에 떨어짐. 14시 25분 21초, 눈물을 맛보기로 함. 어, 이 눈물은…… 사랑스러운 우리 아들의 눈물인데…… 으아악! 으아악! 머리가 터질 것 같아!"

프랑켄슈타인의 눈물을 손가락 끝으로 훔쳐서 입으로 가져간 박사님이 고통스러운 듯 머리를 움켜쥐고 신음했다. 로빈과 키키는 프랑켄슈타인을 걱정스럽게 바라보았다. 박사님은 온몸을 비틀며 괴로워했다.

"어, 저기 좀 봐!"

"헉!"

로빈과 키키의 눈이 휘둥그레졌다. 프랑슈아 박사님의 몸에서 시커먼 연기가 뿜어져 나오고 있었던 것이다.

박사님의 몸에서는 검은 연기가 끝도 없이 뿜어져 나왔다. 독한 연기를 맡은 로빈과 키키는 한쪽 손으로 코와 입을 가린 채 괴로워했다. 하지만 프랑켄슈타인은 박사님의 손을 놓지 않았다. 아무리 괴로워도 박사님의 손을 붙잡고 있어야겠다고 생각했다.

그렇게 얼마나 시간이 지났을까. 박사님이 털썩 자리에 쓰러지고 말았다. 뒤이어 박사님 곁에 있던 프랑켄슈타인도 쓰러져 버렸다.

"박사님!"

"프랑켄슈타인, 괜찮아?"

로빈과 키키가 다급히 박사님과 프랑켄슈타인에게 달려갔다. 박사님이 가느다란 목소리로 말했다.

"프랑켄슈타인, 우리 아들아! 괜찮니?"

그 목소리를 들은 프랑켄슈타인이 부스스 눈을 떴다. 프랑켄슈타인의 눈물 덕분에 박사님의 뇌를 자극하고 있던 것들이 모두 사라져 버렸다.

그로부터 며칠 후 박사님과 프랑켄슈타인은 모두 기운을 회복할 수 있었다. 박사님의 뛰어난 기억력은 완전히 사라진 뒤였다.

"가만, 내가 물컵을 어디에 두었더라?"

"아빠, 아까 식탁 위에 두셨잖아요."

"그랬나? 그럼 내가 안경은 또 어디다 두었지? 식탁에 두었나? 아니면 의자에 두었나?"

"안경은 아빠가 쓰고 있어요."

"미안하구나, 내가 갈수록 기억이 깜빡깜빡해."

박사님은 프랑켄슈타인에게 더 뛰어난 뇌를 만들어 주지 못해 미안해했다. 프랑켄슈타인은 고개를 가로저었다.

"아빠, 지능은 부모로부터 물려받아 태어날 때부터 타고나기도 하지만 교육이나 환경에 따라 변하기도 한대요. 사랑을 듬뿍 받고 다양한 경험을 하면 뇌세포의 조합이 다양해져 지능이 더욱 발달한다잖아요."

로빈이 프랑켄슈타인의 말을 거들었다.

"맞아요, 박사님. 뇌가 좋아질 수 있는 음식을 충분히 먹고 자극을 많이 주면 틀림없이 프랑켄슈타인의 머리가 더 좋아질 거예요!"

"그래, 고맙다!"

프랑슈아 박사님과 프랑켄슈타인은 아주 평화로운 표정으로 미소를 지었다. 그 모습을 본 로빈과 키키도 안도의 미소를 지어 보였다. 프랑켄슈타인이 예전보다 훨씬 똑똑해졌다는 것을 아직은 아무도 눈치채지 못한 것 같았다.

아이큐(IQ)란 무엇일까?

IQ는 지능 지수라고도 해요. 인간의 지능이 얼마나 좋은지를 측정하기 위해 만든 시험을 통해서 수치로 나타내는 것이지요. 처음 이 방법을 만든 것은 독일의 정신학자인 윌리엄 스턴이었어요. 윌리엄은 어린이들의 인지 능력에 점수를 매겨 두었는데, 이것이 훗날 IQ가 된 것이지요.

대부분 IQ가 높으면 머리가 좋다고 생각하는데, 지능 지수와 뇌의 능력은 같은 것이 아니에요. 암기를 잘한다고 문제 해결력이 뛰어난 것이 아닌 것처럼요. IQ가 낮게 나왔다고 해서 머리가 나쁘다고 하는 것 또한 잘못된 생각이에요. 뇌의 능력에는 그림을 잘 그리는 능력, 소리를 잘 듣는 능력, 운동을 잘하는 능력, 말을 잘하는 능력 등 다양해요. 수학을 잘 푼다고, 역사 암기를 잘한다고 뇌의 모든 능력이 뛰어난 것은 아니에요. 그래서 자신만의 특별한 뇌의 능력을 발견하고 개발하는 게 중요해요.

이큐(EQ)란 무엇일까?

미국 예일대학교 심리학 교수 '피터 샐로베이'와 뉴햄프셔대학교 심리학 교수 '존 메이어'가 이론화한 개념으로, 감성 지수 또는 감정적 지능 지수라고도 해요. EQ는 자신과 다른 사람의 감정을 이해하는 능력과 삶을 풍요롭게 하는 방향으로 감정을 통제할 줄 아는 능력을 의미해요. 그래서 EQ가 높은 사람은 갈등 상황을 만났을 때 그 상황을 분석하고 자신의 처지를 정확하게 인식할 수 있지요. 미국에서는 유아기부터 키우는 감정 교육을 실시하도록 권고하는데, 아직은 아이큐처럼 정형화된 테스트 방법이 없어요. 그렇지만 유아기 때부터 EQ 발달에 도움이 되는 다양한 방법들이 있어요. 단숨에 지적 능력 그 자체를 향상시키는 것이 아니기 때문에 부모가 아이와 함께 생활하면서 놀이하듯 정서적 교감을 나누는 게 중요해요.

다중 지능 이론이란 무엇일까?

예전에는 IQ로 일차원적 지능 검사를 했다면 이제는 EQ를 비롯해 다양한 영역의 지능 검사를 하여 사람마다 다른 지능 영역들을 바라보는 시각이 보편화되었어요. 대표적으로 다중 지능 이론가인 가드너는 언어 지능, 논리-수학 지능, 시각-공간 지능, 음악 지능, 신체 운동 지능, 대인 관계 지능, 자기 성찰 지능 및 자연 탐구 지능 등 8가지 종류의 지능 이론을 주장했어요. 그는 각각의 지능을 구성하는 능력들이 서로 별개인 것을 강조하고, 또 각각의 지능은 그 자체가 하나의 독립된 체제(system)로서 기능하는 것이라고 말했어요.

자녀의 EQ 발달을 돕는 방법

- 자녀에게 편안한 표정을 보여 준다.
- 자녀들에게 책을 읽어 준다.
- 집안일을 거들게 하거나 심부름을 하게 한다.
- 집에서 만든 음식을 먹이고 요리도 함께한다.
- 자주 껴안거나 볼을 맞추는 신체 접촉으로 사랑을 표현한다.
- 노는 것을 가르쳐 준다.
- 자녀들과 자주 여행을 하고, 다른 가족과 어울릴 기회를 갖는다.
- 자녀에게 선택의 기회를 많이 준다.
- 동·식물을 직접 키워 보고 관찰하는 시간을 갖는다.
- 요구 사항을 그때그때 들어주는 것보다 기다려 보게 한다.
- 잠자리를 항상 안락하고 편안하게 한다.
- 마주 앉아 이야기해 본다.

어떻게 하면 기억력이 더 좋아질까?

인간의 뇌는 반복해서 학습하지 않으면 대부분 기억이 해마에 저장되었다가 버려집니다. 아주 강렬한 자극을 주지 않는 한 공부를 끝내는 순간부터 기억은 점점 사라지게 되지요. 그러므로 반복해서 기억해 주는 것이 중요합니다.

그렇다면 어떻게 해야 기억력이 좋아질까요? 기억력은 관심을 두는 부분, 흥미를 갖는 부분일수록 더 높아진답니다. 또 자극을 줄수록 기억력은 높아지지요.

기억력을 높이려면 필기를 하는 것이 좋아요. 눈으로 보고 손으로 쓰는 등 여러 감각을 함께 이용하면 뇌에 더 큰 자극을 줄 수 있거든요. 입을 이용해 소리를 내어 말하면 귀로 들리니까 뇌가 더 자극을 받겠지요.

또 즐거운 마음을 가져야 해요. 즐거운 감정을 만들어 뇌를 자극하면 기억이 오래 가거든요. 반대로 부정적인 마음, 억지로 하는 마음을 가지면 당연히 기억의 효과가 떨어지겠지요. 그리고 마지막으로 뇌에 충분한 영양분을 공급해 주어야 해요. 뇌에 좋은 영양분이 부족하면 당연히 기억력도 나빠질 테니까요. 충분한 휴식과 수면도 기억력 향상의 필수 조건이랍니다.

IQ가 높으면 공부를 잘할까?

세계적인 발명왕 토머스 에디슨의 IQ는 평균보다 낮은 80 정도였다고 해요. 하지만 에디슨은 세계가 놀랄 만한 발명품을 많이 만들어 냈지요.

IQ는 타고나는 것이 아니라 개인의 노력, 주변 환경 등에 의해 언제든 바뀔 수 있어요. 그러니까 지능과는 상관없이 어느 한 분야에 뛰어난 재능을 가지고 있다면 영재라고 볼 수 있지요.

지능은 유전적 요인, 생물학적 요인, 환경적 요인에 따라 달라져요. 유전적 요인은 부모님으로부터 물려받은 DNA에 의해 결정되고, 생물학적 요인은 내가 얼마나 건강한 몸을 가졌는지에 따라 달라지지요. 또 환경적 요인은 내가 얼마나 많은 정보를 받아들이고 공부할 수 있는 환경이냐에 따라 달라지는 것이랍니다. IQ는 이 세 가지 요인이 복합적으로 작용해서 결정됩니다. 그러므로 IQ가 낮게 나왔다고 실망하거나 자신의 IQ만 믿고 노력을 게을리하면 안 돼요.

뇌를 발달시키기 위해 어떤 좋은 방법이 있을지 의견을 나누어 보아요.

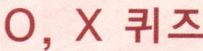

O, X 퀴즈

인간의 뇌는 새로 학습한 정보의 40%만 받아들이고 나머지 60%는 잊어버린대요. 하지만 걱정하지 마세요. 우리가 일상생활에서 기억력을 높이는 방법에는 여러 가지가 있으니까요. 다음 방법을 읽고 맞으면 O, 틀리면 X로 표시하세요.

1. 인간은 도구를 사용하면서 머리가 좋아졌다.

2. 하루 10시간 이상 자면 오히려 기억력에 나쁜 영향을 준다.

3. 등 푸른 생선 등을 먹으면 머리가 좋아진다.

4. 군것질을 하면 머리가 좋아진다.

5. 적당한 운동은 기억력 향상에 도움을 준다.

정답: ①O, ②O, ③O, ④X, ⑤O

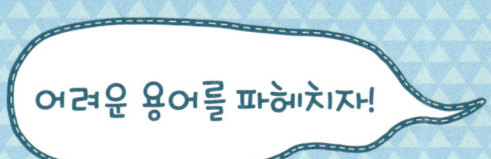

뇌줄기 대뇌와 척수 사이를 연결하는 부분을 뇌줄기라고 해요. 뇌줄기는 그저 단순한 연결 기관이 아니에요. 뇌줄기는 호흡과 소화, 혈액 순환 등을 담당하지요.

대뇌 피질 대뇌는 호두처럼 주름이 쭈글쭈글하게 뭉쳐져 있어요. 이 부분에는 볼록 솟아난 이랑과 푹 들어간 고랑이 있는데, 이런 주름조차 저마다 하는 일이 있답니다. 쭈글쭈글한 전체를 대뇌 피질이라 부르지요.

변연계 대뇌 밑변에 있는 신경 세포 덩어리를 변연계라고 해요. 감정을 조절하고 기억에도 큰 영향을 미치지요.

시냅스 신경 세포의 신경 돌기 말단이 다른 신경 세포와 접합하는 부위. 이곳에서 한 신경 세포에 있는 흥분이 다음 신경 세포에 전달되지요.

신경 세포 뇌는 전기적, 화학적 신호를 우리 몸으로 전달해요. 그 일을 도맡는 것이 바로 신경 세포이지요.

전전두엽 전두엽의 앞부분이에요. 전체 피질의 29%로 인간의 인격 기능을 수행하며, 통찰력, 자기 인식, 의사 결정, 작업 기억, 언어 생성과 신체적 표현, 여러 정보의 통합, 행동의 순서, 행동 수행, 주의, 동기, 인지, 이성적 사고 등 인간이 동물과 구별되는 능력에 관여해요.

중추 신경 우리 몸의 신경은 크게 중추 신경계와 말초 신경계 두 부분으로 구성되어 있어요. 신경계는 우리 몸 곳곳에 넓게 퍼져 있는데, 중추 신경은 뇌와 척수로 구성되어 있고 뇌막으로 둘러싸여 그 안의 뇌척수액으로 보호를 받는답니다.

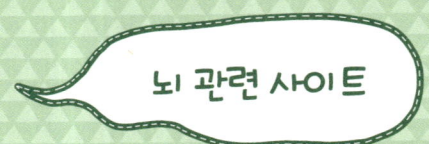

뇌 관련 사이트

한국 뇌 연구원 www.kbri.re.kr
여러 곳에서 이루어지고 있는 국내 뇌 연구 역량을 집중시킬 목적으로 설립된 국가 주도의 거점 연구 기관이에요. 뇌의 구조와 기능을 통합적으로 연구하고, 궁극적으로는 뇌 질환으로 고통받는 국민 삶의 질을 향상시키기 위해 노력하고 있어요.

경북대학교 뇌 과학 연구소 brain.knu.ac.kr
경북대학교에서 운영하는 최우수 연구소로, 뇌에 관련된 국내외 논문, 연구 과제, 뉴스 등을 볼 수 있어요.

한국 뇌 발달 연구소 kbrain.co.kr
영유아의 뇌 발달을 연구하기 위해 설립된 연구소로, 아동 뇌 발달에 관한 자료를 갖고 있고, 발달 장애의 이해를 돕기위한 프로그램을 진행하고 있어요.

가천대학교 뇌 과학 연구원 nri.gachon.ac.kr
가천대학교에서 운영하는 뇌 과학 연구소로, 뇌 질환의 진단, 치료 및 예방을 위한 연구를 통하여 뇌 과학 발전에 힘쓰고 있어요.

국제 뇌 교육 협회 www.ibrea.org
21세기 인류의 미래 키워드인 '뇌' 자산의 올바른 이해와 활용을 위해 뇌 교육의 개발 및 보급, 인증, 컨설팅 등을 목적으로 2004년 설립된 비영리 국제 단체예요. 뇌 교육이 필요한 각종 자료를 이곳에서 찾을 수 있어요.

신나는 토론을 위한 맞춤 가이드

프랑켄슈타인과 로빈, 그리고 후드와 검은 마녀 키키가 펼치는 똑똑한 뇌 만들기 프로젝트를 재미있게 읽었나요? 이제 마지막 단계인 토론을 잘하려면 올바른 지식과 다양한 정보가 뒷받침되어야 해요. 책을 다 읽고 친구 또는 부모님과 신나게 토론해 봐요!

잠깐! 토론과 토의는 뭐가 다르지?

토론과 토의는 모두 어떤 문제를 해결하기 위해 의견을 나누는 일입니다. 하지만 주제와 형식이 조금씩 달라요. 토의는 여러 사람의 다양한 의견을 한데 모아 협동하는 일이, 토론은 논리적인 근거로 상대방을 설득하는 일이 중요합니다. 토의는 누군가를 설득하거나 이겨야 하는 것이 아니기 때문에 서로 협력해서 생각의 폭을 넓히고 좋은 결정을 내릴 때 필요해요. 반면 토론은 한 문제를 놓고 찬성과 반대로 나뉘어 서로 대립하는 과정을 거치지요. 넓은 의미에서 토론은 토의까지 포함하는 경우가 많습니다. 토론과 토의 모두 논리적으로 생각 체계를 세우고, 사고력과 창의성을 높이는 데 도움을 준답니다.

토론의 올바른 자세

말하는 사람
1. 자신의 말이 잘 전달되도록 또박또박 말해요.
2. 바닥이나 책상을 보지 말고 앞을 보고 말해요.
3. 상대방이 자신의 주장과 달라도 존중해 주어요.
4. 주어진 시간에만 말을 해요.
5. 할 말을 미리 간단히 적어 두면 좋아요.

듣는 사람
1. 상대방에게 집중하면서 어떤 말을 하는지 열심히 들어요.
2. 비스듬히 앉지 말고 단정한 자세를 해요.
3. 상대방이 말하는 중간에 끼어들지 않아요.
4. 다른 사람과 떠들거나 딴짓을 하지 않아요.
5. 상대방의 말을 적으며 자기 생각과 비교해 봐요.

체계적으로 생각하기

뇌와 컴퓨터를 연결해도 되는 걸까요?

일론 머스크는 컴퓨터 칩을 뇌에 심는 뇌 인터페이스 기술을 개발하고 있어요. 이 칩을 이용하면 생각한 것을 곧장 컴퓨터로 전달할 수 있게 되지요. 다음 기사를 읽고 과연 이 실험이 어떤 가치가 있을지 생각해 보아요.

일론 머스크, 뇌 과학에 도전하다

테슬라와 스페이스X의 창업가로 유명한 기업가 일론 머스크가 뇌 과학에 도전하고 있습니다. 뇌에 전극을 심어 사람의 생각을 읽어 내는 것뿐 아니라 뇌에 생각을 심는 것이 목표입니다. 현재 개발 초기 단계로 돼지의 뇌를 대상으로 실험 중입니다.

일론 머스크는 뇌와 컴퓨터를 연결하는 인터페이스를 만들기 위한 목적으로 2017년 '뉴럴링크(Neuralink)'라는 스타트업을 세웠습니다. 동물 모델을 대상으로 뇌와 컴퓨터를 연결하는 기술, 뇌에 심을 전극과 이 전극을 뇌에 심는 기기 등을 개발하며 눈에 띄는 행보를 이어가고 있습니다.

뉴럴링크는 지난 8월 28일 미국 샌프란시스코 본사에서 유튜브 생중계를 통해 생각을 읽어 내는 전극을 뇌에 심은 돼지를 공개했습니다. 이 돼지의 이름은 '거투르드'로 뇌에 컴퓨터 칩을 이식한 채 2개월을 생활해 왔습니다. 돼지 거투르드의 뇌에는 뉴럴링크가 새로 개발한 칩 '링크 0.9'가 심겨 있습니다. 이 기기는 돼지의 뇌파를 수집하는데 수집된 뇌파는 컴퓨터로 무선 전송됩니다. 거투르드가 킁킁거리며 주둥이로 물체의 냄새를 맡으면 뇌에서 발생한 신호가 컴퓨터로 실시간 전송됩니다. 거투르드의 사례는 이제까지 개발된 뇌-컴퓨터 연결 기술이 현실 속에서 구현했다는 데 의의가 있어 보입니다.

(중략)

뇌 과학 전문가들은 2020년 사람의 뇌에 전극을 심는 실험을 하는 등 BCI(뇌 컴퓨터 인터페이스) 기술에 대해 급속한 기술 진보를 이루려는 뉴럴링크가 과도하게 의욕적이라는 평가를 하기도 합니다. 칩을 뇌에 심었을 때 뇌 주변 조직 손상, 뇌 신호를 해석하는 컴퓨터 인공 지능 알고리즘 생성 등 해결해야 할 과제도 여전합니다. 그리고 인간의 뇌를 다루는 분야인 만큼 이 기술이 장애인이나 환자들에게 도움이 될 수 있지만, 반대로 악용될 가능성에 대해서도 사회적 관심과 논의가 필요해 보입니다.

주간경향 2020/09/28

1. 최근 뇌 과학 연구가 발전하면서 베일에 싸여 있던 뇌를 들여다보는 것이 가능한 시대로 접어들고 있지요. 일론 머스크의 뇌 인터페이스 기술은 어떤 것인지 기사 내용을 읽고 정리해 보세요.

2. 일론 머스크의 혁신적인 뇌 과학 실험에 대해 전문가들이 걱정하는 부분은 무엇일까요?

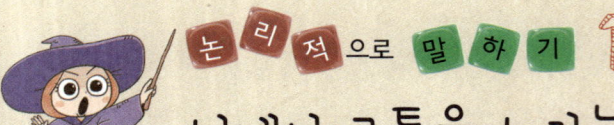

뇌에서 고통을 느끼는 부분을 없애도 되는 걸까요?

뇌에서 아픔을 느끼는 부위라든지, 공포, 스트레스를 느끼는 부위를 인위적으로 없애도 될까요? 과학자들은 뇌의 영역 가운데 스트레스와 트라우마를 담당하는 부분이 어디인지 찾아내는 실험을 했어요. 다음 기사를 읽고 제시한 문제에 대해 생각해 봐요.

공포 기억 재발 뇌 영역 발견… 트라우마 치료 기대

외상 후 스트레스 장애(PTSD, 트라우마)는 심각한 사고, 폭력 등을 경험한 이후에도 반복적인 고통을 느끼는 증상이다. 환자들은 처음 사건 발생 장소와 비슷한 곳에만 가더라도 트라우마가 재발하기 때문에 만성적인 고통을 겪는다. 연구팀은 이러한 트라우마와 관련된 뇌 부위를 찾기 위해 실험을 했다. 실험은 마우스(실험용 쥐)에게 특정 소리를 들려준 뒤 전기 충격을 함께 줌으로써 청각 공포 기억을 형성한 후 새로운 환경에서도 같은 소리를 들려주는 방식으로 설계됐다. 그 결과 아무런 소리를 들려주지 않은 마우스는 두 장소 모두 똑같은 공포 반응을 보였지만, 약물을 처리하거나 빛을 쬐어 후두정피질의 활성을 억제한 마우스는 새로운 환경에서 공포 반응을 보이지 않았다.

조선비즈 2020/02/10

1. 뇌에서 공포나 불안, 스트레스를 느끼는 부위를 제거하면 행복한 감정만 남게 되지 않을까요? 이 부분을 인간이 인위적으로 제거하는 것이 과연 옳은 것인지 여러분의 생각을 이야기해 보세요.

2. 여러분이 마음대로 조절하고 싶은 부분이 있다면 어떤 부분인가요? 예를 들어 희노애락을 담당하는 부분이라든지, 공포를 느끼는 부분, 아픔을 느끼는 부분 중에서 여러분이 조절하고 싶은 부분은 어디이고, 그 이유는 무엇인지 이야기해 보세요.

 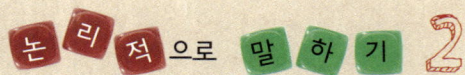

뇌 연구가 발달했을 때 안 좋은 점도 있을까요?

뇌 과학자들은 인간의 뇌를 연구해서 그 기술을 이용해 AI를 만드는 것에서부터 뇌 지도, 뇌 치료 기술, 뇌 인터페이스 기술 등 다양한 분야를 연구하고 있어요. 이러한 뇌 연구가 발달하면 어떤 점이 좋아지게 될까요? 다음 기사를 읽고 질문에 답해 보세요.

인공 지능, 뇌 과학의 조력자로 중요성 커져

국내는 현재 고령화 사회에 진입함에 따라, 뇌 연구 기반의 정밀 의학, 인공 지능을 활용한 개인 맞춤형 의료 기술 등이 주목받고 있다. 뇌 질환을 조기에 진단하고 예방 및 치료까지 가능한 개인 맞춤형 의료 기술과 빅 데이터 기반의 인공 지능 기술은 유망한 산업으로 성장할 가능성이 커 미래 성장 동력이 될 수 있는 분야다. 한편, 국내는 2018년 5월에 「제3차 뇌 연구 촉진 기본 계획」을 통해 '뇌 연구 혁신 2030'을 발표했다. 이 연구는 1998년 제1차 뇌 연구 촉진 사업(1998~2007)과 2008년 제2차 뇌 연구 촉진 사업(2008~2017)에 이은 3단계 한국형 뇌 연구의 마스터플랜인 셈이다. 제3차 뇌 연구는 '고도화된 뇌 이해와 뇌활용 시대 진입'을 비전으로 삼는다. 뇌에 대한 근원적 이해를 추구하고, 뇌 질환 극복으로 국민의 부담을 줄여 삶의 질을 높이고, 더 나아가 뇌 연구를 기반으로 신기술이 창출되는 것을 목표로 제시하고 있다.

바이오타임즈 2020/05/13

1. 뇌 과학을 이용해 뇌 질환을 치료하는 방법이 더욱 활발하게 연구되어야 한다고 생각하나요? 그렇다면 그 이유는 무엇인가요?

2. 만약 뇌 과학 연구를 중단해야한다고 생각한다면 그 이유는 무엇인가요?

3. 앞으로 어떤 뇌 과학기술이 발달했으면 좋겠나요?

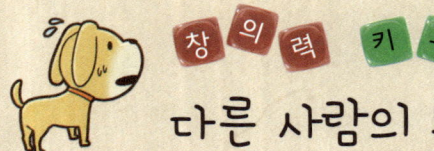

다른 사람의 뇌도 이식할 수 있을까요?

공상 과학(SF) 영화를 보면, 인간의 신체적 수명이 다할 경우 다른 젊은 사람의 몸에 자신의 뇌를 이식하는 장면이 나와요. 이렇게 다른 사람의 기억을 그대로 옮긴다면, 이 사람은 과연 누구일까요? 이렇게 뇌 이식을 하는 것이 윤리적으로 문제는 없을까요? 뇌에 문제만 생기지 않는다면 이런 식으로 100년 이상을 사는 게 어떤 의미일까요? 뇌 이식에서 생길 수 있는 문제점에 대해 여러분의 생각을 자유롭게 적어 보세요.

예시 답안

뇌와 컴퓨터를 연결해도 되는 걸까요?

1. 현재 일론 머스크는 돼지의 뇌에 자신들이 만든 칩을 심어 놓았다. 이 기기는 돼지의 뇌파를 수집하는데, 이때 수집된 뇌파는 컴퓨터로 무선 전송된다. 돼지가 킁킁거리며 물체의 냄새를 맡으면 뇌에서 발생한 신호가 컴퓨터로 실시간 전송되는 방식이다.
2. 칩을 사람에게 직접적으로 심었을 때 뇌 주변 조직이 손상될 수도 있고, 뇌 신호를 인공 지능이 어떻게 해석할 것인지가 아직 명쾌하게 정리되지 않았다. 물론 신체적 장애가 있거나 몸이 자유롭지 못한 환자에게는 도움이 될 기술이겠지만, 고도로 발달될 경우 사람의 생각이나 행동을 조종할 수 있을지도 모른다.

뇌에서 고통을 느끼는 부분을 없애도 되는 걸까요?

1. 고통과 공포를 느끼지 않는 사람이라면 매우 잔인한 범죄를 저질러도 죄책감을 전혀 느끼지 않을 것이다. 이 때문에 무서운 범죄자가 늘어날 수 있을 거라고 생각한다.
2. 개인적으로 너무 마음 아프고 슬펐던 일을 생각하면, 그런 감정은 느끼지 않았으면 좋겠다. 친구와 싸웠을 때의 힘든 감정, 부모님한테 잘못해서 혼날까 봐 무서웠던 감정은 다시 느끼고 싶지 않다.

뇌 연구가 발달했을 때 안 좋은 점도 있을까요?

1. 뇌 과학이 발달하면 발달할수록 지금까지 인간이 치료하지 못했던 여러 가지 질병으로부터 자유로워질 수 있을 것이다.
2. 뇌 과학을 연구하는 건 좋은 일이지만 인위적으로 인간의 뇌를 조절할 수 있게 된다면 그에 따른 부작용이 반드시 생길 것이다. 인간의 뇌를 컴퓨터처럼 해킹해서 범죄에 사용할 수도 있고, 다른 사람의 뇌를 자기 마음대로 조종할 수도 있다. 또 인간의 뇌를 기계화시킬 수도 있어, 인간이냐 기계냐 하는 문제도 생길 수 있다.
3. 앞으로 인간은 원하는 만큼 뛰어난 지능을 가질 수도 있을 것이고, 절대 잊어버리지 않는 기억력을 가질 수도 있을 것이다. 또한 고통을 느끼지 않는 사람이 생겨날 수도 있고, 두려움을 느끼지 않는 사람도 생겨날 수 있다.

정가 480,000원